高山正也・植松貞夫　監修
現代図書館情報学シリーズ…8

改訂

図書館情報資源概論

岸田 和明
［編著］

小山 憲司・平野 英俊・村上篤太郎
［著］

樹 村 房

監修者の言葉

わが国に近代的な図書館学が紹介されたのは19世紀末頃と考えられるが，図書館学，図書館情報学が本格的に大学で教育・研究されるのは1950年に成立した図書館法による司書養成制度を受けての1951年からであった。それから数えても，既に半世紀以上の歴史を有する。この間，図書館を取り巻く社会，経済，行政，技術等の環境は大きく変化した。それに応じて，図書館法と図書館法施行規則は逐次改定されてきた。その結果，司書養成科目も1950年の図書館法施行規則以来数度にわたって改変を見ている。

それは取りも直さず，わが国の健全な民主主義発展の社会的基盤である図書館において，出版物をはじめ，種々の情報資源へのアクセスを保証する最善のサービスを提供するためには，その時々の環境に合わせて図書館を運営し，指導できる有能な司書の存在が不可欠であるとの認識があるからに他ならない。

2012(平成24)年度から改定・施行される省令科目は，1997年度から2011年度まで実施されてきた科目群を基礎とし，15年間の教育実績をふまえ，その間の図書館環境の変化を勘案し，修正・変更の上，改めたものである。この間に，インターネット利用の日常生活への浸透，電子メールやツイッター，ブログ等の普及，情報流通のグローバル化，電子出版やデジタル化の進展，公的サービス分野での市場化の普及などの変化が社会の各層におよび，結果として図書館活動を取り巻く環境や利用者の読書と情報利用行動等にも大きな構造的な変化をもたらした。この結果，従来からの就職市場の流動化や就業構造の変化等に伴い，司書資格取得者の図書館への就職率が大きく低下したことも率直に認めざるを得ない。

このような変化や時代的要請を受けて，1997年版の省令科目の全面的な見直しが行われた結果，新たな科目構成と単位数による新省令科目が決定され，変化した図書館を取り巻く環境にも十分適応できるように，司書養成の内容が一新されることとなった。そこで，樹村房の「新・図書館学シリーズ」もその改定に合わせ内容を全面的に改編し，それに合わせて，「現代図書館情報学シリーズ」と改称して新発足することとなった。

「図書館学シリーズ」として発足し，今回「現代図書館情報学シリーズ」と改めた本教科書シリーズは，幸いにして，1981(昭和56)年の創刊以来，樹村房の教科書として抜群の好評を博し，実質的にわが国図書館学，図書館情報学の標準的教科書として版を重ねてきた実績をもつ。これもひとえに，本シリーズをご利用いただいた読者各位からのご意見やお励ましと，執筆者各位の熱意の賜物と考えている。

監修にあたって心がけたのは，この「現代図書館情報学シリーズ」で司書資格を得た人たちが図書館で働き続ける限り，その職能観の基礎として準拠しうる図書館情報学観を習得してもらえる内容の教科書を作ろうということであった。すなわち，「図書館学は実学である」との理念のもとに，アカデミズムのもつ概念的内容とプロフェッショナリズムのもつ実証的技術論を融合することであった。そのこと自体がかなり大きな課題となるとも想定されたが極力，大学の学部課程での授業を想定し，その枠内に収まるように，その内容の広がりと深さを調整したつもりである。一方で，できる限り，新たな技術や構想等には配慮し，養成される司書が将来志向的な視野を維持できるよう努力したつもりでもある。これに加えて，有能な司書養成のために，樹村房の教科書シリーズでは各巻が単独著者による一定の思想や見方，考え方に偏重した執筆内容となることを防ぐべく，各巻ともに，複数著者による共同執筆の体制をとることで，特定の思想や価値観に偏重することなく，均衡ある著述内容となることをこのシリーズにおいても踏襲している。

本シリーズにおける我々の目標は決して学術書として新規な理論の展開を図ることではない。司書養成現場における科目担当者と受講者の将来の図書館への理想と情熱が具体化できる教材を目指している。その意味で，本シリーズは単に司書資格取得を目指す学生諸君のみならず，現職の図書館職員の方々や，図書館情報学を大学(院)等で研究する人たちにも役立つ内容をもつことができたと自負している。読者各位からの建設的なご意見やご支援を心からお願い申し上げます。

2011年２月

監 修 者

改訂の序

本書は，2012年に出版された『図書館情報資源概論』（初版）の改訂版であり，初版と同様に，図書館法施行規則にて定められている司書資格取得のための必修科目「図書館情報資源概論」の教科書として執筆されたものである。したがって，主たる読者層としては，図書館情報学を学ぶ人や司書資格課程を履修中の大学生を想定しているが，すでに図書館関連の職にて日々活動する中で，図書館情報資源に関する知識を更新したいと考えている方々にも参考となる内容を含んでいる。

初版は，図書館法施行規則の改正をきっかけにして，ほぼ新たに書き起こされたものである。この改正の経緯については初版の序文に詳しいが，それによる新たな「図書館情報資源概論」における主な項目を挙げれば，伝統的な印刷資料と非印刷資料，電子資料とネットワーク情報資源，地域・行政資料，情報資源の生産（出版）と流通，図書館業務と情報資源に関する知識，コレクション形成に関する理論と方法，主題分野別の情報資源の特性，および資料の保存・修復を含む情報資源管理のプロセスなどとなる。初版では，これらに関する解説を展開しつつ，図書館情報学の視点からのさらなる包括的な議論を含めることが意図されているが，以上の点は，この改訂版でも変わらない。

初版と同様に，改訂版もまた４つの章から構成されており，その中で大きく変わったのは，１章「図書館情報資源とは何か」と４章「情報の生産・流通と図書館」のみであって，２章「図書館情報資源の種類と特質」と３章「図書館情報資源の収集とコレクション構築」にはそれほど大幅な修正を加えていない。これは，初版との継続性を考慮しつつ，初版の刊行以降に生じた図書館情報資源にかかわる各種の変化や新たな動きを反映させたためである。学問領域によっては，何十年も前に出版された名著が依然として，現在の大学教育に使用されることがあり，図書館情報資源に関してもその種の基本的な知識が当然存在する。それに対して，特にコンピュータやそのネットワークに直接的に関連する部分では，われわれの身の回りで依然として抜本的な変化が進行中であり，それらが１章の大幅な改訂につながっている。

例えば，初版では，あくまで伝統的な図書館資料が中心であり，電子ジャーナル等に代表される電子的な資料についての説明も多く含まれてはいるものの，どちらかと言えば，それらは「補助的」な位置づけである。初版刊行後の電子ジャーナルや電子書籍のさらなる発展と普及によってそれらの間のバランスに変化が生じたことから，この改訂版では，「紙と電子のハイブリッド」を基本的な前提として，図書館情報資源について解説することとした。この方針が特に１章を中心として，改訂版の全体の修正に反映されている。なお，４章「情報の生産・流通と図書館」については，その種の修正に加えて，図書館情報学を学ぶ人にとってよりわかりやすくなるよう，ほぼ全面的に書き改めた。そのほか，全体を通じて，電子的な資料に関わる新しいサービスや技術，新たな組織の設立や改編，関連する出版物の新刊や廃刊などに関して，内容的な更新に努めた。

図書館情報資源は図書館活動・サービスの根幹の一つである。図書館情報資源への深い理解とそれらに対する利用者ニーズの的確な把握こそが，情報に関連するさまざまな専門職が活躍する中で，図書館員（司書）にその存在や価値の基盤を与えていることは間違いない。本書が，その種の理解や知識に精通した図書館員の育成に貢献し，それが延いては図書館情報学の発展につながることを切に願う次第である。

2020年３月５日

編集責任者　岸田　和明

序　文
（初版の序）

図書館法施行規則には，司書資格取得のために大学で履修すべき図書館に関する科目が定められているが，そのうちの必修科目の一つが「図書館情報資源概論」である。本書は，樹村房・現代図書館情報学シリーズの第８巻として執筆・編集された，「図書館情報資源概論」のための教科書である。

図書館法に基づく司書養成を目的としたいわゆる省令科目は，図書館における司書の業務環境の変化や期待される職務遂行能力の変化を反映し，これまでいく度かの変更・改正がなされてきたが，今回2012年度から改正されることになった新科目群は，前回（1996年）までの改正が比較的に資格付与のための単位数（科目数）の増大に重きが置かれていたのに対して，教育内容としての科目構成の在り方，および教育内容の革新と高度化に重点を置いた改革を志向したものとなっている。中でも図書館の基盤となる情報資源や蔵書に見られる電子化の影響は，図書館とそのサービスの在り方や構造を根本から変革する可能性をも秘めたものとなっている。このため，今回の省令科目の改正では，科目構成の変更に加え，図書館の基盤としての蔵書・コレクション構築に関わる従来の「図書館資料論」はその名称も「図書館情報資源概論」と改められた。これは，出版界における電子出版の進行や，情報資源のデジタル化，インターネットによる情報流通の普及・増大といった，図書館を取り巻く情報環境の変化に対応し，新たな時代，新たな環境下での図書館活動の理解と，そこで働くための司書の能力開発を想定したからにほかならない。

「図書館情報資源概論」で扱うべき内容については，今回のカリキュラム改正の作業を行った文部科学省協力者会議の資料によれば，次の事項を網羅することが求められている。すなわち，伝統的な印刷資料と非印刷資料，電子資料とネットワーク情報資源，地域・行政資料，情報資源の生産（出版）と流通，図書館業務と情報資源に関する知識，コレクション形成に関する理論と方法，主題分野別の情報資源の特性，および資料の保存・修復を含む情報資源管理のプロセスである。これを受けて作成された本書は，単に書名を省令科目に合わせて改めただけでなく，その内容も，新たな「図書館情報資源概論」にふさわしく，伝統的な印刷資料のみならず，非印刷資料や電子資料，ネットワーク情報資源等からなる多様な図書館情報資源を包括的に網羅することをめざした。すなわち，本書では，まず図書館情報資源について，伝統的な文字による記録から，映像・音響の記録，さらに印刷・出版から電子・ネットワーク情報資源まで，幅広く，かつ現在および近未来に至る変遷を含めて概観し，それぞれが図書館でどのように扱われているかについて言及した。そのうえで，これらの情報資源を個々の利用目的をもつ利用者の検索・利用に供するための，図書館コレクションとしての編成・構築の在り方，および情報資源のライフサイクルにおける図書館の位置づけを明らかにすることで，「図書館情報資源概論」で求められている内容を網羅することに努めた。

最後に，本書執筆にあたって，最新の情報技術の進化とその結果が不断に実務に取り込まれる中で日々変化する情報環境に密着しつつ，限られた紙数の中で，客観的かつ平易に記述すること，さらには2単位の講義科目として半期15回の授業回数に収めることはかなり困難な作業でもあった。この困難な仕事を，短時日の中でなんとかまとめることができたのは，図書館の実務，および研究教育の両面で有能な執筆者の協力があってのことである。ここに編者として，執筆者各位のご尽力に敬意を表し，厚くお礼を申し上げたい。本書の活用が，日本の次の時代の図書館を担う有能な司書の養成に必ずやお役にたてると確信している。

2012年6月15日

編集責任者　高山　正也
平野　英俊

改訂 図書館情報資源概論

もくじ

【本書の執筆分担】

1章　岸田和明
2章　1・3＝平野英俊，2＝小山憲司，4＝岸田和明
3章　1・5＝岸田和明，2・3・4＝村上篤太郎
4章　岸田和明

1章　図書館情報資源とは何か

1．図書館情報資源の収集・提供・保存

図書館を訪れると，図書（書籍）や雑誌，あるいは新聞など，さまざまな形態の資料に目を通すことができる。図書館が所蔵し，利用者に提供するこの種の図書館資料（library materials）は，世の中で一般的に生成された情報資源（information resource）の中から，各図書館が選択し収集したものである。この意味で，本書ではこれらを「図書館情報資源」と呼ぶ。

図書や雑誌，新聞以外にも，さまざまな図書館情報資源が存在する。例えば，図書館には，レファレンス資料[1]として，辞書・事典やハンドブック（便覧（びんらん）），年鑑，図鑑，地図，統計資料，さらには，図書や雑誌記事を探すためのツール類（書誌・目録・雑誌記事索引など）が備えられており，これらもまた重要な図書館情報資源である。また，単に「図書」といっても，小説，ノンフィクション，教養書・学術書，児童書など，その種類やジャンルは多岐にわたる。

加えて一般的には，いわゆる「ネットワーク情報資源」が重要な役割を果たしている。これは，インターネットの普及後，ウェブ（World Wide Web：WWW）を利用することで，個人あるいは組織がより自由に情報を発信できるようになった結果である。この種の資源が増加する傾向は，ソーシャルネットワーキングサービス（social networking service：SNS）の発展やスマートフォンの普及によって一層強まりつつある。

1：全体を最初から通して読むのではなく，ある特定の事項を調べるために，特定部分のみ参照する資料をレファレンス資料と呼ぶ。レファンレンスブック（または参考図書，reference book）はその一種である。後述する「二次資料」とほぼ同義であるが，二次資料がどちらかといえば学術的な専門語であるのに対して，レファレンス資料はより一般的に使われる用語である。

ネットワーク情報資源を含め，すべての情報資源が図書館情報資源となる可能性をもっている。しかしながら，各図書館の予算や所蔵スペースには限りがあり，その範囲の中で，「的確」に情報資源を選択し，収集・提供・保存に努めなければならない。すなわち，1－1図に示したように，各図書館が，その理念・使命や利用者の要求（情報ニーズ），他館での利用可能性（availability）を十分に考慮したうえで，情報資源の全体集合からその一部を切り取る作業が必要になる。ここで，他館での利用可能性を考慮するのは，時間は余分にかかるものの，相互貸借（inter library loan：ILL）によって，他館の資料を自館の利用者に提供する可能性が残されているからである。

この種の情報資源の選択の際，例えば，

- 図書や雑誌などの各種の情報資源に対して，購入予算をどのように配分するのか
- 世の中で出版されている書籍のうち，どれを購入するのか

は，どの図書館でも直面する問題である。さらには，購入等による「追加」以外にも，

- 所蔵スペースがその限界を超えたとき，どの資料を取り除くのか

といったウィーディング（または廃棄・別置，weeding）のような「削除」に取り組まなければならないこともある。

しかし，これらを「的確」に行うことは容易ではない。本書の目的は，その

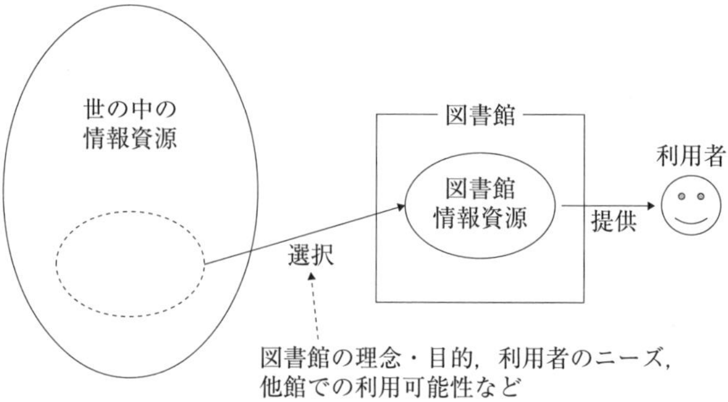

1－1図 図書館情報資源の選択と提供

ための理論や技術，あるいは考慮すべき事柄を解説することにある。

2．図書館情報資源としての出版物

（1）出版物と非出版物

図書館情報資源の中心を構成するのは，出版物（publication）である。これは，教養や娯楽，生活などを目的として，何らかのデータ（data）や情報（information），知識（knowledge），知恵（wisdom）を「不特定多数」の人々に伝えるために発行されたものとして捉えることができる。小説や教養書・学術書，雑誌，新聞などがその典型といえる。

それに対して，官公庁や企業などの組織における業務遂行のために内部的に使用される文書（document）は不特定多数向けでなく，この点，出版物ではない。基本的には，この種の文書または記録物（record）を取り扱うのは，アーカイブ（または文書館，archive）である[2]。しかしながら，業務文書がその役割を終えたのちに記録史料（archives）として価値をもつ場合があり，この際には，一般的な利用の対象となりうる。例えば，江戸期の藩政で作成された記録物が「〇〇家文書（もんじょ）」などとして残り，貴重な歴史資料になっていることがある。この種の記録史料を古文書（こもんじょ）として収集・保存・提供している図書館は数多い。

（2）出版と印刷の略史[3]

出版や記録の歴史は古い。広義には，旧石器時代のアルタミラ（スペイン）やラスコー（フランス）の洞窟壁画もまた一種の記録と捉えることができるかもしれないが，文字による情報伝達に限定すれば，それは古代メソポタミアや

2：文書館は「ぶんしょかん」または「もんじょかん」と読む。政府などが作成した公的な文書を対象とする場合には公文書館（こうぶんしょかん）とも呼ばれる。

3：詳細は以下の文献を参照。佃一可編．図書・図書館史．樹村房，2012，227p.（現代図書館情報学シリーズ11）

1-2図　粘土板文書
（『文字と書物』同朋舎，1994，p.9より）

古代エジプトの時代にまで遡る。1-2図の粘土板での文書はメソポタミア地方で紀元前3000年頃から作成され，この図では楔形文字が刻まれている。そのほか，古代エジプトでは，ヒエログリフ（神聖文字，聖刻文字）などを石版やパピルス（水草を原料とする紙状の素材）に記すことによって記録がなされていたし，古代中国では紀元前1500年頃，甲骨文字が作られた。

時代が下がるにつれて，記録のための素材としては，パーチメント（羊皮紙）や仔牛の皮でつくったヴェラム，あるいは，中国や日本では竹簡や木簡などが使われるようになった（木簡については1-3図参照）。さらに中国では，蔡倫によって製紙法が西暦105年頃に開発された。ただし，その技術がヨーロッパに到達したのは12世紀以降といわれている（さらにヨーロッパ全域への普及には時間を要した）。

これらの素材によって作成される書物の形態も，「巻物」としての巻子本（1-4図）から，閲覧に便利な冊子状のものへと発展した。特に，中世のヨーロッパ等で作成された冊子状の写本（manuscript）はコデックス（または冊子本）と呼ばれる。なお，冊子状の形態（冊子体）は，現在でも書物の一般的な形態である。

中世における歴史的な出来事は，グーテンベルグ（Johannes Gutenberg）による活版印刷術の発明（1450年頃）である（1-5図参照）。それまでの書物の作成は手書きでの写し（すなわち写本）が基本であったのに対して，活版印刷では金属活字や印刷機が使用され，高品質の活字本を大量生産することが可能になった。特に，活版印刷術の発明後1500年頃までの約50年間にヨーロッパで印刷された書物はインキュナブラ（あるいは揺籃期本）と呼ばれている。この発明は，火薬・羅針盤とともに近代をもたらした三大発明とされており，それまで特権階級に占有されていた知識や技術を世の中に広く伝えることに貢献した。

なお，中国ではそれ以前にすでに木版印刷が発明され，活用されていた。日本で現存する世界最古の印刷物とされる「百万塔陀羅尼経」は木版印刷で作成されたものである（8世紀)。活版による活字本に対して，木版印刷で作成された書物は特に版本と呼ばれる。江戸時代には，洒落本や滑稽本などが版本として出版され，その時期の文化を形づくった。

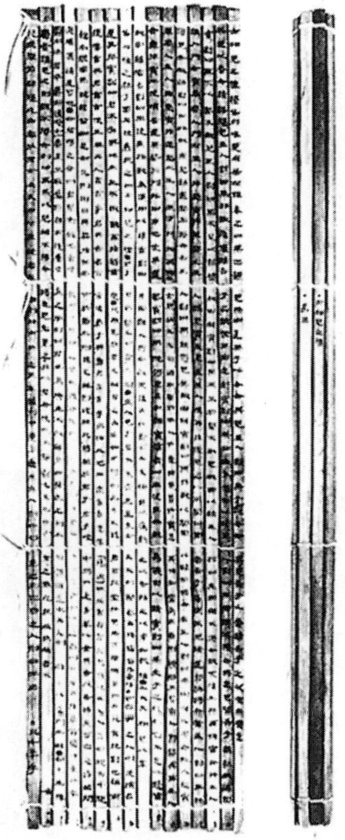

1-3図　木簡（長澤規矩也『図解図書学』汲古書院，1975より）

以降，情報資源の形態としては，「素材は紙」と「活字による印刷」の組み合わせが長らく中心的となり，図書や雑誌，新聞などの図書館資料はこの種の紙の印刷物として出版されたものであった。その後，録音テープやビデオテープなど，テープに塗られた磁性体を活用して記録を行う技術が加わり，さらに，デジタルコンピュータおよびそのネットワークの普及・発展によって，電子書籍や電子ジャーナルに代表される新たな形態での出版が登場する。特に，2010年は「電子書籍元年」とも呼ばれ，この頃，急速に電子書籍が広まったことはわれわれの記憶に新しい。

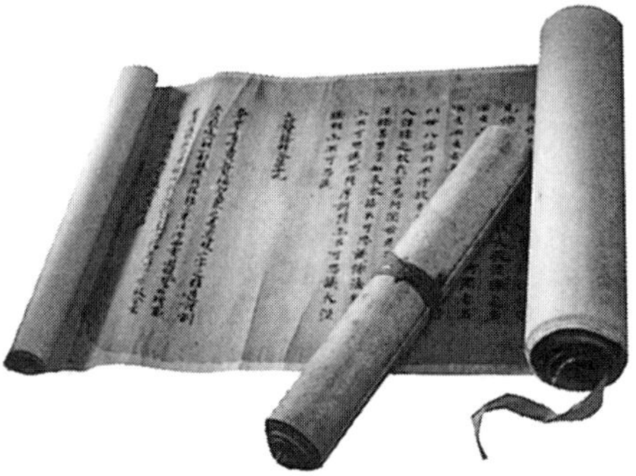

1-4図 巻子本

1-5図 活版印刷術（『文字と書物』同朋舎，1994，p.40より）

3．記録メディアの種類[4]

(1) 印刷資料

出版と印刷の歴史からもわかるように，情報資源を，その物理的な素材（すなわち記録メディア）の点から区分できる。一般に，「紙に印刷された資料」

4：本節の内容は2章1節でより詳しく解説する。

は印刷資料（printed material）あるいは「紙媒体での資料」などと呼ばれ，現代の社会でいまだ情報資源の中心的な位置を占めている。

後述する非印刷資料と比べたときの印刷資料の利点は，特別な機器を使わずに，手軽に読めることである。また，コンピュータ等の機器類での閲覧用画面は通常それほど大きくなく，物理的な見開きが可能な印刷資料のほうが読みやすい場合も多い。コンピュータ機器の画面では局所的な拡大表示ができるものの，その操作はやや煩雑である。さらに，冊子体での印刷資料は「ぱらぱら」とめくりやすく，この点については現段階では，コンピュータでのページ送り機能よりも優ると思われる。

一方，物理的な単位当たりでの収録可能な情報の量については，印刷資料はコンピュータ用の記録メディアに対して著しく劣る。現在のコンピュータ技術では，本1冊程度の重さのタブレット型端末に，1,000冊を超える電子書籍を収録できる[5]。印刷資料がいわば「かさ張る」点は図書館あるいは個人の書斎，オフィスでの共通の悩みであろう。

（2）マイクロ資料

古くなった印刷資料を図書館で保存しようとすると，かさ張るため，かなりのスペースが必要となる。この際，印刷資料の各ページを写真撮影し，肉眼では読めないほどの大きさに縮小すれば，より効率的に資料を保存できる。これをマイクロ資料（micro material）と呼び，デジタルコンピュータの登場以前，1920年代頃から一般に使われるようになった。

マイクロ資料としてのフィルムには，リールやフィッシュの形態があり，前者はフィルムを巻いた形のもの，後者はいわば「一枚もの」である（具体例については，2章1節の2-4図を参照）。マイクロフィルムを使えば，より小さな物理的実体に，大量の印刷資料を記録することが可能であり，保存スペースの大幅な節約になる。ただし，その閲覧には特殊な拡大機器が必要で，この点では不便である。

5：もちろん，個々の電子書籍の長さや，機器・ソフトウェアの性能に依存する。これはあくまで目安である。

一般に，コンピュータ技術の発達後は，マイクロフィルムの代わりにコンピュータ用の記録メディアが使われるようになった。ただし，マイクロフィルムの寿命のほうが長いと予想されること，また，その閲覧のための拡大機器には複雑なソフトウェアを必要としないことから，資料保存のためにマイクロフィルムが選択される場合もある。

（3）視聴覚資料

写真・スライドなどの視覚資料，レコード・録音テープなどの聴覚資料，映画フィルム・ビデオテープなどの映像・音響資料を一括して視聴覚資料（audio-visual material）またはAV資料と呼んでいる。視聴覚資料は，図書館における代表的な非印刷資料である。

コンピュータ技術の発達後は，コンパクトディスク（CD）やDVDなどの記録メディアを使って，この種の視聴覚資料が作成されることも多い。CDは光ディスクの一種で，1980年代後半に普及した。フロッピーディスク（FD）やハードディスク（HDD）がやや不安定な磁性体を使っているのに対して，ディスク表面に微細な穴を物理的に開けることで記録するため耐久性があり，この点，CDは音楽や音響の頒布・販売に適していた。

このCDにコンピュータ用のデータを焼き付けた場合には特に「CD-ROM（ロム）」と呼ばれ（「ROM」は「read-only memory」の略[6]），音楽・音響のほかにも，ソフトウェアや検索用データベースなどが，CD-ROMによって流通し，初期の頃の電子書籍にもCDが使われていた（例えば，1990年に発売されたソニーの「データディスクマン」など）。このように光ディスクは単なる視聴覚資料だけのための記録メディアではなく，コンピュータが扱うデータを安定的に記録しておくためのメディアとして，一般に重要な役割を果たしている。

ただし，CDは600MB程度の容量しかなく，動画などの大規模なデータを記録するメディアとしては不十分である。そのためDVDが開発され，1990年

6：頒布・販売の時点でデータが焼き付けられ，変更できない場合が「CD-ROM」，家庭や職場で1度だけ焼き付け可能なものが「CD-R」である。さらに，「CD-RW」ではデータを書き換えることが可能。

代後半以降，映画・ビデオ用の記録メディアとして一般に利用されるようになった。現在では，DVD を上回る品質の記録メディアとして，ブルーレイディスク（BD）も普及している。

（4）視覚障害者用資料

目の不自由な人のために，文字を大きく表示した拡大図書が用意されることがある[7]。これは印刷資料であるが，さらに重度の視覚障害者用に，触覚を利用した点字資料（Braille material）や「さわる絵本」が作成されている。点字はフランスのブライユ（Louis Braille）が19世紀に考案した，点状の突起物のパターンにより文字を表す仕組みである。これに触れることにより，文字を読み取ることができるわけで，さわる絵本も同様に触覚を利用する。

この領域にもコンピュータを活用できる。例えば，いわゆる「読み上げソフト」を使えば，コンピュータ上に記録された文字を音声に変換できる（通常の印刷資料をスキャンして読み上げる機器も販売されている）。一方，コンピュータを利用した録音図書（デジタル録音図書）の規格として DAISY（デイジー）（Digital Accessible Information System）がある。これに基づく種々の録音図書が作成され，一部の図書館が提供している。

（5）その他の非印刷資料

写本としての古文書や古記録を図書館が収集・提供・保存することも多い。すでに述べたように，記録史料の収集・提供・保存という点で，図書館と文書館の接点が生じる。

博物館（museum）でも，古文書や古記録が扱われることがある。実際には，博物館が収集する資料の主体は「モノ」（実物）であり，石器や土器，古道具，古民具，化石，標本など多種多様なものがその対象となる。

公共図書館における地域・郷土資料の中に，こうした実物が含まれることがある。また，地球儀や標本などの教材としての実物を取り扱っている学校図書

7：なお，通常の印刷資料を拡大して読みやすくする機器もある（拡大読書器などと呼ばれる）。

館もある。さらには，写真やフィルムなども重要な博物館資料であり，この点でも，図書館資料と重なる部分は小さくない。

(6) 記録メディアの変換

マイクロ資料の作成は，印刷資料からマイクロ資料へのメディア変換として捉えることができる。この種のメディア変換は図書館において重要な役割を担っている。例えば，かつてはビデオテープの形式にはベータ方式とVHS方式の2種類があったが，諸事情によりベータ方式は消滅した。図書館がベータ方式のビデオテープを所蔵していて，その再生機器が利用不可能になった場合，VHS方式のテープやDVDに変換する必要がある。記録メディアの開発・普及の歴史において，この種の事例は少なくない。

また，図書館資料の永年的な保存においても，メディア変換は重要である。これについては，3章4節で解説する。

(7) 記録メディアとコンテンツ

メディアに記録される内容自体は，しばしばコンテンツ（content）と呼ばれる。情報資源は物理的な記録メディアによる区分だけではなく，当然，そのコンテンツの種類によっても分類できる。さらには，児童用，成人用のように，対象とする利用者の種類による区分もあり，これらについては2章で詳しく述べる。

4．ネットワーク情報資源

(1) パッケージ系電子メディアとネットワーク系電子メディア

CDやDVDなどの記録メディアを用いた出版は，電子出版（electronic publishing）の一種といえなくもないが，ディスクという物理的実体が頒布・販売されるという点については，印刷資料による出版と同じである。一方，インターネットを活用した電子出版では，送り手（売り手）と受け手（買い手）

との間に，その種の記録メディアは介在しない。送り手のコンピュータ（サーバ）と受け手の端末（パーソナルコンピュータ（パソコン，PC），タブレット型端末（タブレットPC），スマートフォンなど）とをつなぐネットワーク回線（有線または無線）が存在するのみである。

このため，CDやDVDでの出版物に対する図書館での業務処理手順には，従来の図書館資料（特に視聴覚資料）と共通する部分が多い。この種の出版物はパッケージ系電子メディアとも呼ばれ，従来の図書館資料との類似性の高さから，比較的早い時期に，図書館情報資源としての取扱いが確立した。

一方，インターネットを活用した電子出版（すなわちネットワーク系電子メディア）の場合には，「出版物がファイル（例：PDFファイル）としてネットワーク経由で届き，それを受け手（図書館または利用者）側のコンピュータで保持する」ため，物理的に固定された実体が存在しない[8]。そのため，図書館でそれをどのように取り扱うのかを新たに考える必要が生じた。この結果，それを模索するための時間を要したものの，現在ではいくつかの方法により，ネットワーク系電子メディアもまた，図書館情報資源として利用者に提供されている（2章2節参照）。もちろん，その取扱いにはまだ流動的な部分があり，不十分な点も残されているが，図書館情報資源としての一般性は今後さらに高まっていくと予想される。

（2）ネットワーク情報資源の普及

インターネットの普及は1990年代の出来事である。そのアプリケーションの中でも，特にウェブが情報資源の生成と流通に大きな変容をもたらした。これは，

①インターネットを経由して，瞬時に，情報資源の本体にアクセスできる

②誰でも容易に，情報資源を不特定多数の人々に向けて発信できる

という特徴によるもので，これらの点で，ウェブ上の情報資源は，伝統的な印

8：もちろん物理的実体として「ファイル」は存在するが，論理的にはこれは「0」と「1」の記号の列（ストリーム）にすぎず，必ずしも特定の物理的実体に固定されるわけではない。

刷資料とは一線を画している。

もちろん，文字・音・画像・動画を一括して扱える点（すなわちマルチメディアへの対応）もウェブの大きな特徴ではある。ただし，これはDVDにその種のソフトウェアを組み込めば実現できる。一方，DVDでの出版には上記①②の特徴はない。

上記①の特徴は情報資源に対するメタデータのつくり方（すなわち情報資源の組織化および管理の問題）に影響を与えるが[9]，本書の範囲では特に②が問題となる。端的にいえば，「従来的な出版としての行為を意図せずに，個人または組織が公開したネットワーク上の情報資源を図書館情報資源に含めるかどうか」を考えなければならない。具体的には，官公庁・企業等の組織や個人のウェブページ（ウェブサイト），ブログ，あるいは，質問回答サイト（Q&Aサイト）やインターネットで公開された画像・動画などを，図書館がその収集・提供・保存の対象とするかどうかの問題である。

（3）ネットワーク情報資源の収集・保存・提供

図書館は全体として，出版物あるいはそれに類するものすべてを保存し，次世代へと引き継ぐという使命をもっている。実際，パッケージ系電子メディアはすでに国立国会図書館の収集・提供・保存の対象となっている。この崇高な理念から，ネットワーク情報資源が外れるわけはない。それを妨げるのは，技術的な問題と著作権保護の問題である。

日本国内に限定したとしても，現在では膨大な数のウェブページが存在する。しかも，それらは容易に書き換えられ，無数の「バージョン」が生み出されている。この種の情報資源を網羅的に収集・保存することは技術的にたいへん難しい。また，ネットワーク情報資源の利用の際には，機械的な複製（コピー）が必要で，複製に関する著作権法第31条の例外規定の範囲外となる可能性が高い[10]。このため少なくとも日本においては，「すべての」ネットワーク情報資源を図書館が収集・提供・保存することは非現実的である。

9：以下の文献の3章を参照。田窪直規編著．改訂 情報資源組織論．樹村房，2016．（現代図書館情報学シリーズ8）．メタデータは本書の3章でも簡単に触れる。

そのような状況の中で，国立国会図書館は，国や自治体，その他の法人や大学等に限定して，著作権の問題を解消したうえで，ネットワーク情報資源を収集・保存し，インターネット経由で提供している。これは，WARP（Web Archiving Project，インターネット資料収集保存事業）と呼ばれている。このウェブアーカイビング（web archiving）の試みは，限定的ではあるものの，図書館の重要な役割の一つを実践していると評価できる。

逆にいえば，技術上および著作権法上の問題が解消されればネットワーク情報資源の収集・提供・保存は，完璧とはいえないまでも，ある程度は可能になる。コンピュータの技術の発展には目覚ましいものがあるし，著作権法の規定やその解釈が日本とは異なる国もある。例えば米国では，「Internet Archive」という非営利機関がこの種の活動を行っており，2019年２月時点で3,490億を超えるウェブページを収集・提供している。著作権の問題については，何段階かの制約のもとでコンテンツの自由な利用を可能とするクリエイティブコモンズ（CC）の活用も一般に広まっており，今後，状況が変わっていく可能性もある。

（4）有形出版物と無形出版物

本書では，出版物として明確に意図され作成されたネットワーク情報資源を特に「無形出版物」と呼んでおく。２章で述べるように，これにはインターネット経由で配信される（いわゆるネット配信），電子書籍（または電子図書，電子ブック）や電子ジャーナル（または電子雑誌，オンラインジャーナル）などが含まれる。それに対して，「有形出版物」は，従来の図書や雑誌，新聞，あるいはパッケージ系電子メディアなどの，物理的に固定された実体を有する出版物を意味するものとする。

なお，電子メディアによる出版物を，⑴事後的に電子化（デジタル化）したものと，⑵制作の時点で初めから電子メディアとしての出版が意図されていたものとに分ける場合がある。後者は特に，ボーンデジタル（born digital）と

10：ごく簡単にいえば，第31条では，著作権法が規定する「図書館」の中で，利用者が自分のために著作物の「一部分」を複製することのみが許容されている。

呼ばれている。

(5) 無形出版物に対する「所有」と「アクセス」

図書館利用者に対して有用なインターネット上の情報資源が存在するとき，必ずしもそれを「所有」するのではなく，図書館のウェブページからリンクを張ることで，利用者による「アクセス」を可能にできる。この場合には，図書館は利用者に対してその情報資源へのアクセス可能性（accessibility）を提供すると解釈できる。なお，この種のウェブページは，電子図書館またはデジタル図書館（digital library）の形態（または機能）の一つとしてみなされる場合もある[11]。

この点は，物理的に固定された実体を自館で提供するにはそれを「所有」しなければならないことと対照的である。図書館のウェブページでリンク先を表示することは，表層的には従来の書誌や文献目録などと同様な二次情報の提供とみなせるかもしれないが，リンクのクリックによりコンテンツ（一次情報）が利用者のコンピュータ画面にて即時に閲覧可能になる点では異なっており[12]，ネットワーク情報資源を図書館情報資源に間接的に含めるための方策の一つとして捉えることが可能である。

(6) 各種のデータベースの検索

なお，インターネット普及以前にも，いくつかのデータベースがコンピュータの通信回線経由で利用されていた。データベース（database）は，より一般的には幅広く，コンピュータ上で管理・組織化されたデータの集積を意味するが，ここでは特に，書誌や目録などの二次資料（二次情報を掲載した資料）をコンピュータで検索可能としたものを指す[13]。これらもまたネットワーク情報

11：書籍や雑誌，画像などのコンテンツを電子的に提供する場合，あるいは貸出予約等のサービスをインターネットで可能にする場合を電子図書館と称するなど，その意味するところが安定しないため，「電子図書館」「デジタル図書館」という用語には注意を有する。

12：あるコンテンツ（図書や雑誌記事など）自体を一次情報と捉えたとき，「一次情報についての情報」は二次情報と呼ばれる。

13：そのほか，辞書や事典，図鑑，年鑑なども二次資料に含まれる。

資源の一つである。

書誌は図書などの文献のリストであり，冊子体として作成されていた書誌が，コンピュータの通信回線経由で検索可能となったのは，1970年代のことである。書誌をデータベースとしてコンピュータ経由で検索できれば，それによって図書（すなわち一次資料）を探すことが格段に容易になる。同様に，雑誌のリスト（雑誌目録）や雑誌記事・論文のリスト（雑誌記事索引）なども，データベース化され，それに対する検索が可能になっていた[14]。通信回線で検索可能なこの種のデータベースは特に，オンラインデータベース（online database）と呼ばれた。

ただし，当時の通信回線はインターネットではなく，それほど使い勝手の良いものではなかった。インターネットの普及後は，これらのオンラインデータベースもまた，インターネット経由で利用可能となり，その利便性は格段に向上した。さらに，かつてのオンラインデータベースは有料のものが多かったのに対して，インターネット普及後は，無料でのデータベース検索サービスが増加した点も変化の一つといえる。もちろん現在でも有料のサービスも存在し，それらを利用者に提供することは図書館（特に大学図書館や専門図書館）の重要な機能である。この点で，これらもまた図書館情報資源の構成要素に含められる（2章2節参照）。

5．図書館情報資源の拡大

（1）図書館間の相互協力および MLA 連携

すでに述べたように，図書館の類縁機関である博物館や文書館が主対象とする情報資源は，図書館が主に対象とするそれとは基本的には異なっている[15]。しかし，その種の線引きが，利用者が情報資源を求める際の妨げになってしま

14：歴史的には，最初に一般に提供された検索用データベースの対象は学術論文である。この種のデータベースの現在での使用方法については次の文献を参照。原田智子編著．改訂情報サービス演習．樹村房，2016．221p．（現代図書館情報学シリーズ 7）

うのは問題である。

文書館では，古文書のような歴史的な価値の高い記録史料だけではなく，現場での文書保存期間を過ぎた公文書などの現代の文書や私信などの記録物も取り扱われている。これらの資料と図書館資料を併用することによって利用者の情報ニーズがより良く満たされるならば，文書館と図書館の協力のもとに，「境界のない」サービスを展開する努力が必要である。

もちろんこのことは博物館との間でも同様であり，この種の協力は「MLA連携」と呼ばれる（「M」「L」「A」は博物館，図書館，文書館のそれぞれの英語表記の頭文字）。図書館間での相互協力（図書館間貸出）によって，利用者に提供可能な図書館情報資源が拡大するだけではなく，MLA 連携を通じて，博物館や文書館が主対象とする情報資源にまでその提供の範囲が広がることになる。

（2）新しい情報資源の出現

コンピュータやネットワークの発展によって新たな情報資源が出現しており，それらを図書館情報資源に含めるかどうかを検討する必要がある。例えば，eラーニングの普及により，新たな形態での電子的な教材が作成されるようになった。また，ゲームソフトの中には，いわゆるノベルゲームのように，従来の小説と本質的には変わらないようなものもある。さらには，小説自体についても，ケータイ小説やウェブ小説など，さまざまな形態での出版がなされているのが現状である。これらについては，一般向けの出版物を中心に4章で整理する。

15：博物館や文書館の組織としての特徴や，対象とする情報資源の種類・性質については，次の文献の4章5節を参照。高山正也，岸田和明編著．改訂 図書館概論．樹村房，2016．（現代図書館情報学シリーズ1）．

2章 図書館情報資源の種類と特質

1．有形出版物としての「図書館資料」

（1）印刷資料

a．図書

図書（books）とは，さまざまな情報を，文字を中心として図や絵，写真などによって表現し[1]，それを印刷した紙を複数枚綴じ合わせて表紙をつけた形態をしているものである。しかし，形態は同じでも，雑誌など逐次的に刊行される逐次刊行物（後述）とは区別され，さらに厚さの面でも一定以上のものを想定しているのが普通である。ページ数の基準は必ずしも明確ではないが，ユネスコ（UNESCO）では，統計作業上，“うらおもての表紙を除き，49ページ以上の印刷された非定期刊行物”と定義しており，それより薄いものは，パンフレット（小冊子）と呼んで区別している。

人間は，最も抽象化されたシンボルである言語によってコミュニケーションを図ることのできる動物であり，その言語（特に文字言語）による文化伝達の中心的役割を果たしてきた一つの道具が図書であった。それは現在でも基本的に変わってはいない。

図書は，多様な内容をもち，ハンディーかつコンパクトで，相応の耐久性もあり，値段も適度であることから，“最も古くからある記録メディアとして，

1：「図書」は，中国の古典『易経』中の句“河出図，洛出書”を出典とする「河図　洛書」の略といわれる。すなわち，絵図と文字を意味している。もっとも，写真集や絵画集，統計書，漫画本など，文字を含まないか，部分的にしか含まないものもあり，必ずしもすべてが文字中心の情報というわけではない。

すでに完成の域に達している”[2]といわれる。その理由は，情報へのアクセスがしやすいこと，読み手の主体的な対応が可能なこと，またそれが必要とされてもいることである。すなわち，内容を読み取るのに何の装置も必要としないし，“読み手が主体となって読むスピードや順序をコントロールすることができる”[3]。つまり，“読みながら考えたり，一度読んだところに再度戻ったり，読み比べたりといった反復の過程を可能にする。……（そして）この過程が深い思索と批判的な思考を可能にする”[4]のである。

図書（特に市販図書）の出版状況については『出版年鑑』（出版ニュース社）に詳しいが，それによると，年間の新刊出版点数は，1982年には30,034点であったが，1996年に60,462点，2001年に71,073点となり，2005年以降は約８万点を数えるまでになっている[5]（出版データについては４章も参照）。また，収集する側の図書館でも，図書は，いまでも図書館資料の中心であり，公共図書館の場合，資料費の75％程度を占めている（ただし，大学図書館では25％弱程度である）。

しかし，こうした出版点数の大幅な伸びも，売れ行き不振を，新刊を増やすことで補っているだけとの批判もある。また，コミック本や軽い読み物，人気タレントの本（すべてが軽いわけではないが）など，安直な本づくりが批判されてもいる。本が消耗品化し短命になっているのであり，それがまた売り上げ減や高い返品率を招くという悪循環を起こしているといわれる。出版が営利行為であり，図書が商品として流通するものであるかぎり，出版界がこうした社会の変化に敏感に対応するのはやむをえないことかもしれない。さらには，ビジュアルな文化の浸透に伴い，そもそも文字主体の本やいわゆる「かたい本」が売れなくなっており，その背景に活字離れ，思考離れといわれる現象が進行しつつあるという問題も指摘されている（最近の出版の傾向については４章も

2：三浦逸雄，根本彰．コレクションの形成と管理．雄山閣，1993，p.33-34.

3：注2と同じ。

4：注2と同じ。

5：ただし，2016年は78,113点，2017年は75,412点と減少傾向である。国立国会図書館における和漢書の受入れ数は，ここ数年18万冊前後で推移しており，市販図書以外の出版物が相当数存在していることがわかる。

参照)。

一方，伝統的な印刷形態の図書の短所も明らかになっている。特に，近年発達の著しい電子資料（パッケージ系とネットワーク系）は，次のような場合には，伝統的図書に比べて圧倒的に有利である[6]。

①頻繁に変化する情報を扱う場合……時刻表や為替（かわせ）レート，図書館目録などは，冊子よりオンラインで提供する方が最新性を保つことができる。

②情報の再編・加工の必要がある場合……統計データ等はその代表である。

③膨大な情報の中から特定の語句等を検索する場合……コンコーダンス(concordance，本や作品の用語索引）や書誌・索引類が最も良い例である。

④遠隔地にある資料の通覧を可能にしたい場合。

⑤情報内容の迅速な伝達が要求される場合……図書という媒体を経ないで，コンテンツだけを電子化して提供した方が良いことは明らかである。

こうしたことから，今後は，伝統的形態の図書と，パッケージ系やネットワーク系の電子書籍が，それぞれの特性を生かしながら，一層の住み分けを進めていくことになるであろう。

b．逐次刊行物

1 逐次刊行物とはなにか　逐次刊行物（serials）とは，次のような特徴をもつ出版物のことである。

①同一標題（またはタイトル，title）を掲げて分冊刊行される継続出版物で，通常，各分冊とも同一形態をしている。

②あらかじめ最終期限を定めず連続して刊行することが意図されている。

③各分冊には巻・号（volume-number），通巻番号，年（月）（日）など，刊行順序を示す一連の表示（追い番号）が付いている。

ところで，これら三つの条件による逐次刊行物の判定については若干の説明が必要である。

第一は，出版社が主にその社名を冠したシリーズ名（「○○文庫」「○○新

6：Buckland, Michael. Redesigning library services : a manifesto. ALA, 1992. p.45.（高山正也・桂啓壮訳．図書館サービスの再構築：電子メディア時代へ向けての提言．勁草書房，1994，p.67-68.）

書」「○○選書」など）を付けて逐次的に刊行する，いわゆる出版社シリーズ（publisher's series）についてである。これらは，シリーズを構成する各著作が内容と形態において完全に独立・完結した著作物であることと，なによりもその刊行形式が出版社の販売政策上とられているにすぎないことから，逐次刊行物とは呼ばない。

第二は，モノグラフ・シリーズ（monographic series）と呼ばれる出版物についてである。モノグラフは専攻論文あるいは単行書とも訳され，ある特定の問題だけを詳しく研究した著述を指しているが，研究調査機関などが，統一的な主題テーマのもとに，各冊それぞれの著者と標題をもつモノグラフ（1冊1論文形式）を，統一的なシリーズ名のもとに逐次的に刊行していく場合がある。これらは内容的に各冊独立した著作物とみることもできるが，シリーズの目的という観点からは，出版社シリーズよりはるかにまとまりがあるので，逐次刊行物の範疇に入れられる。ただ，1冊1論文であることから，図書館では図書と同様に扱われることもある。いずれにしても，扱いを逐次刊行物とするか，図書とするかについては，シリーズごとに一貫した処理を行うことが大切である。

第三は，あらかじめ完結を予定して刊行されるもので，「○○講座」「○○叢書」「○○大系」などといった共通シリーズ名をもつ出版物についてである。これらはもちろん逐次刊行物ではないが，完結までに20年以上を要するものもあり，欠巻が生じないよう，完結までは，逐次刊行物と同様の受入れ方法がとられる。分冊刊行される辞書や百科事典などの扱いも同様である。

なお，逐次刊行物にはその刊行頻度によって定期刊行物（periodicals）と不定期刊行物（irregular serials）の2種がある（2-1図）。刊行期日があらかじめ定まっているものが定期刊行物であり，刊行回数や刊行期日が確定しておらず必要に応じて刊行されるのが不定期刊行物である。逐次刊行物を含む著作物の区分を整理すると2-2図のようになる。

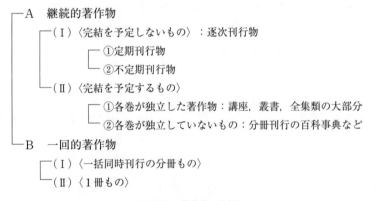

- 定期刊行物
  - 日　刊（daily）
  - 週　刊（weekly）
  - 旬　刊（decadly）
  - 半月刊（semimonthly）
  - 月　刊（monthly）
  - 隔月刊（bimonthly）
  - 季　刊（quarterly）
  - 半年刊（semiannual）
  - 年　刊（annual）
  - 隔年刊（biennial）
- 不定期刊行物

2-1図　逐次刊行物の刊行頻度

- A　継続的著作物
  - （Ⅰ）〈完結を予定しないもの〉：逐次刊行物
    - ①定期刊行物
    - ②不定期刊行物
  - （Ⅱ）〈完結を予定するもの〉
    - ①各巻が独立した著作物：講座，叢書，全集類の大部分
    - ②各巻が独立していないもの：分冊刊行の百科事典など
- B　一回的著作物
  - （Ⅰ）〈一括同時刊行の分冊もの〉
  - （Ⅱ）〈１冊もの〉

2-2図　著作物の区分

2 逐次刊行物の種類

(1)　雑誌

雑誌（magazine，journal）は，逐次刊行物の中で最も重要な位置を占めるとともに，印刷資料として図書と並ぶ二大情報源である。その特徴は，ⓘ内容的には，論文，評論，解説記事，文芸作品，その他雑報など，文字どおりさまざまな記事がありうるが，一定の編集方針に従って複数の記事を掲載している

こと，ⓘ通常，週以上の間隔で刊行されること（季刊程度までが最も多い），ⓘⓘⓘ原則として，仮綴じ冊子形態であること，などである。雑誌は，図書に比べて比較的刊行が容易なこと，刊行頻度が高いこと，部分的，断片的記事の掲載が可能なことなどから，図書では得られない最新の研究成果・情報の速報や，図書になりにくい狭い専門分野や未確立の分野の情報提供に適したメディアとなっている。また，気軽に読める読み捨て的娯楽情報の提供にも利用される。

なお，「雑誌の書籍化」（一つのテーマで編集され，不定期に刊行される増刊，別冊などは，在庫を持ち，いつでも注文に応じる書籍的販売を行う）と，「書籍の雑誌化」（書籍のレイアウトが雑誌的に，アトラクティブになる）を背景に登場したものとして，雑誌と書籍の中間的な性格をもつムック（mook）[7]があり，増刊，別冊ではなく，独立した「ムック・シリーズ」も刊行されている。ジャンルとしては，料理，ファッション，手芸・編物，家庭・生活，コンピュータ，映画・アニメ，住宅・リビング，音楽，レジャー，スポーツ，などがある。定期雑誌の不振をカバーするためという出版社の事情があるといわれているが，近年は落ち込みが続いている。

雑誌には次のような種類がある。

①一般誌……市販を目的に刊行されるもの。高度の専門誌から，マンガ雑誌まで，その範囲はきわめて広い。商業誌であるため，読者の好みの変化に対応して，創刊，廃刊，誌名変更など変動が多いのが特徴である。ジャンルも，伝統的な総合雑誌，文芸雑誌，男性誌，女性誌などに加えて，情報誌，科学雑誌，趣味誌，スポーツ誌，コミック誌など，多様である。刊行頻度は，月刊誌が圧倒的に多く，他に週刊，半月刊，隔月刊，季刊などがある。『出版年鑑』2018年版では3,480誌が報告されているが（2－1表），2007年以降，休刊誌の数が創刊誌の数を上回る状況が続いており，全体の雑誌点数は減少傾向が続いている[8]（4章も参照）。また，売上額でも「雑誌不況」がいちだんと進んでいる。

②学術誌……学術論文を主たる内容とするもの。中核は専門学会誌であるが，

7：雑誌（magazine）と書籍（book）との合成語として日本でつくられた言葉。
8：国立国会図書館の「雑誌記事索引」で現在採録中の雑誌数は約1万誌に上り，『出版年鑑』の統計以外に，多くの学術誌，専門誌が存在することがわかる。

2-1表　分類別での発行雑誌点数（『出版年鑑』2018年版）

分類	点数	分類	点数	分類	点数
図　書	84	風俗習慣	8	諸芸娯楽	204
総　合	45	自然科学	48	日本語	25
哲　学	23	医学衛生	412	英　語	16
宗　教	66	工学工業	370	他外語	7
歴史地理	94	家政学	222	文学文芸	68
政　治	43	農畜林水	86	詩	8
時局外事	31	商　業	71	短　歌	17
法　律	47	交通通信	131	俳　句	24
経済統計	121	芸術美術	66	読　物	298
社　会	122	音楽舞踊	83	女　性	74
労　働	35	演劇映画	59	少年・少女	146
教　育	124	体育スポーツ	194	学習受験	8
				計	3,480

数の上では，学術的活動を行う各種協会や大学，研究機関などが出版する「紀要」類が圧倒的に多い（論集，論叢（ろんそう），研究報告，研究年報などという誌名も多い）。刊行頻度は，年次の業績報告として年刊が多く，不定期刊もある。市販されるものもあるが，会員への限定配布が多い。大学発行の紀要については，1冊の雑誌にいろいろな学問領域の論文が混在するなど，学術論文の流通メディアとしての問題も指摘されている。学術誌は，その掲載論文の査読審査体制（査読制）が整備・確立しているか否かが，その学術誌の価値を定める大きな要因となる。なお，現在こうした学術誌については，科学技術振興機構が運営するJ-STAGE（科学技術情報発信・流通総合システム）や機関リポジトリ等から，インターネットを通して本文公開されるものが増えている（機関リポジトリについては本章２節参照）

③官公庁誌……中央官庁や地方自治体等が刊行するもので，市販されるものもあるが，一般に入手しにくいものも多い。しかし資料価値の高いものが多く，

重要な情報源である。官公庁の設置するさまざまな試験研究機関の研究調査報告書類は学術誌でもあるし，自治体の広報誌なども重要である。

④団体・協会誌……会員頒布を目的とする会報誌的なものが中心である。

⑤同人誌……文学系統のものが多い。同好の士が自らの作品の発表の場や情報交換の場とするために刊行するもの。

⑥企業誌……PR 誌や社内報のほか，研究成果や新製品・技術の発表を行う技報などがある。PR などを目的として企業等が発行する刊行物は，ハウスオーガン（house organ）とも呼ばれる。

ところで，公共図書館での雑誌の受入状況はどうなっているかというと，市区町村立図書館のバックアップ機能を担う都道府県立図書館では，3,000誌以上が7都府県ある一方で，1,000誌以下の県が3割強を占めている。大学図書館の場合には，公共図書館に比べて雑誌への依存度がきわめて高く，特に膨大な数の外国雑誌の収集も必要なため，大学単位での収集には限度がある。そのため，国立大学拠点図書館に外国雑誌センター館を設置したり，分担収集を進めるなどの対応がとられてきたが（3章2節参照），近年では，電子ジャーナルの導入が急速に進んでいる。大学図書館の資料費に占める雑誌経費は平均で18.4%，電子ジャーナルは42.1%，両者を合わせると60.5%にも達している[9]。

⑵ 新聞

新聞（newspaper）は次のような特徴をもっている。ⅰ時事的ニュースの報道を中心に，解説，論評，その他の記事を迅速かつ広く伝達することを目的とする。ⅱほとんどが無署名記事である。ⅲ形態的には，表紙がなく，折っただけで綴じがない。大きさについては，B3判あるいはその半分の大きさのタブロイド判が一般的である。ⅳ刊行頻度については日刊が多いが，週刊や旬刊などもある。新聞は最新の情報源としてだけでなく，時間が経てば歴史資料としても重要なものとなってくる。新聞には次のような種類がある。

①一般紙……社会のあらゆる現象を取材対象とし，不特定多数を読者対象とするもので，販路の広がりにより次のように区分される。「全国紙」：全国にく

9：文部科学省．平成29年度「学術情報基盤実態調査」．2018.

まなく販路をもつ新聞。朝日，読売，毎日，日本経済，産経の５紙。「ブロック紙」：第二次世界大戦下に行われた新聞社の統合・整理に起源をもつもので，数県または一地方の大部分に販路をもつ新聞。北海道，中日，西日本，東京の４紙[10]。「県紙」：ほぼ一県単位の販路をもつもの。地方紙ともいう。「ローカル紙」：市町村程度の範囲で刊行されるもの。

②専門紙……特定の領域や問題を取材対象とするもの。発行部数では「スポーツ紙」がその雄であるが，種類数では「業界専門紙」が圧倒的に多い。

③機関紙・広報紙……政党，宗教団体，労働組合，住民団体，自治体，企業などが，広報，宣伝，教育を目的に刊行するもの。「官報（かんぽう）」は国の機関紙であるとともに，国民への公告の手段でもある特殊な情報伝達媒体である。

この他に，ミニコミ紙や各種のフリーペーパーといったものもある。

新聞の受入状況については，都道府県立図書館のデータしかないが，200種以上が数県ある一方で，半数の県では60種以下である。公共図書館では，主要一般紙だけでなく，官報，公報，地域と関連のある業界紙，それに代表的な外国日刊紙程度の整備は必要であろう。

⑶ 年鑑

年鑑（yearbook，almanac）はさまざまな資料や統計を用いて，１年間の出来事を記録・解説したもので，図書館ではレファレンスブックとして欠かせない資料である。社会のあらゆる分野の事項を対象とする「総合年鑑」[11]，分野を限定した「専門主題年鑑」「地域年鑑」「白書」などがある。

⑷ その他の逐次刊行物

ⓘ各種年報・月報類（統計年報・月報，企業・団体の年次業務報告など），ⓘⓘ索引誌，抄録誌などの二次資料，ⓘⓘⓘ定期的に開催される会議の議事録，ⓘⓥモノグラフ・シリーズ，ⓥ六法全書や各種人名録などで毎年改訂されるもの，などがある。

10：『東京新聞』は中日新聞社の傘下に入り，同社が発行しているため，ブロック紙としないこともある。他に，『河北新報』と『中国新聞』をブロック紙に加える場合がある。

11：朝日年鑑（2000年版まで），毎日年鑑（1981年版まで），時事年鑑（1994年版まで）が，いずれも終刊となり，読売年鑑が国内唯一の総合年鑑となっている。

c．ファイル資料

ファイル資料（filing materials）とは，以下に挙げるように，その形態的特質のゆえに散逸しやすく，整理・保管にあたって，図書や雑誌とは異なる特別のファイリング・システムを必要とする資料のことである。

(1) パンフレット（pamphlet）

一般に仮綴じの小冊子を図書と区別してパンフレットと呼ぶ。ユネスコでは，出版物の国際的統計をとる必要から“表紙を除き5ページ以上48ページ以下の印刷された非定期刊行物”と定めているが，基準は国により一様ではない。ただし，雑誌のような逐次刊行物は含まない。

(2) リーフレット（leaflet）

一枚刷りの印刷物を1回折ったもので，片面刷りか両面刷りかにより，2ページから4ページの印刷物となる。

(3) 一枚もの（broadside, broadsheet）

チラシやビラ，写真，絵葉書，複製絵画，ポスターなどの「簡易視覚資料」，一枚物の地図や楽譜などがある。

(4) 切抜資料（clipping file）

新聞や雑誌の記事を切り抜いて台紙に貼り，紙（誌）名・日付・件名などを記入してファイルするもの。

文書類の管理のために用いられるファイリング・システムには次の二つの方式がある。

①バーチカル・ファイリング（vertical filing）……資料をフォルダー（folder）に収め，バーチカル・ファイリング・キャビネットの引出しの中に垂直に排列・保管する方式。個別フォルダーや雑フォルダーを一定の順序に排列したものの間に，適宜，見出し用の「ガイド」を立て，検索の便を図る（2−3図）。

②シェルフ・ファイリング（shelf filing）……適当な間隔に仕切られた書架上に資料をそのまま排架することもあるが，一般にはフォルダーや「パンフレット・バインダー」，「ファイル・ボックス」などに収納し排架する方式。オープンファイル（open file）やボックス・ファイリング（box filing）とも呼ばれる。キャビネットが整然と並ぶバーチカル・ファイリングに比べると雑然と

した印象を与え，資料管理にもやや難点があるが，資料の出納が容易なこと，収容能力が大きいこと，費用が安いことなど，数々の長所がある（2−3図)。

なお，一枚物の地図や楽譜などの保管には，専用の収納ケースが使われる。

ところで，ファイル資料には，自館で作成する「切り抜き資料」は別として，一般の出版流通ルートでは入手できず，刊行情報の把握も困難な，いわゆる灰色文献（またはグレイリテラチャ，gray literature）の性格をもつものがある。また，短命資料（ephemeral materials）などとも呼ばれ，一時的な目的で作成されるものも多い。しかし，図書や雑誌の記事として刊行されるには時間が

シェルフ・ファイリング

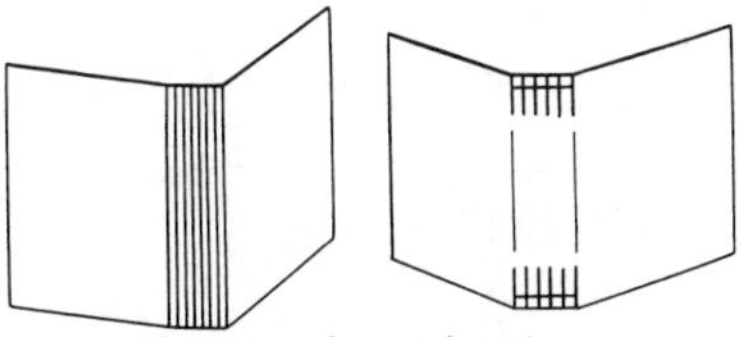

パンフレット・バインダー

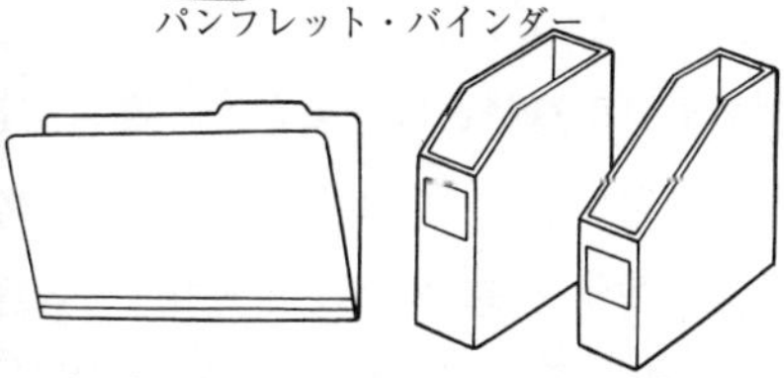

個別フォルダー　　ファイル・ボックス

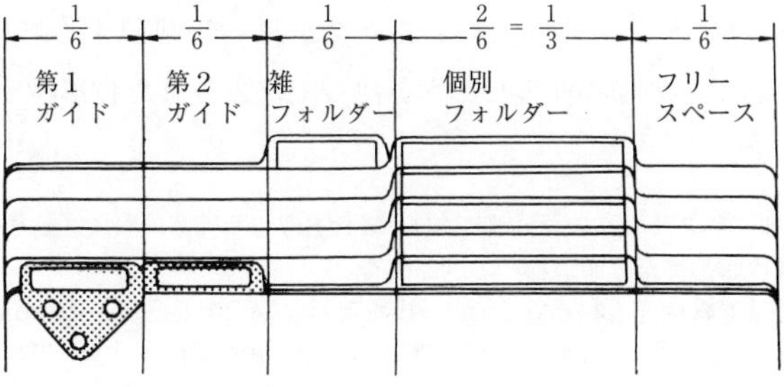

バーチカル・ファイリングにおけるフォルダーとガイドの組合せ方

2−3図　ファイリング・システム

（『資料組織化便覧』日本図書館協会，1975，p.152より）

かかったり，待っても図書や記事にはならない情報も多く，テーマをしぼって丹念に収集していけば，図書や雑誌では得られない新鮮かつ貴重な情報源となる可能性をもっている。そのため，ファイル資料はレファレンスサービスに発揮する力も大きく，インフォメーション・ファイル（information file）と呼ばれることがある。

情報内容としては，時事的情報，行政関連情報，各種団体の意見表明，催し物や施設の案内情報など多様であるが，積極的な宣伝がなされることが少ないため，団体等との寄贈の約束に基づき収集できれば理想的である[12]。また管理上の問題としては，資料価値の変化を考慮してファイル内容を最新の状態に保つ努力が必要である。それには例えば，不要資料の廃棄や，長期保存するものについては合綴（がってつ）製本を行うなどの措置が考えられる。

（2）非印刷資料

a．マイクロ資料

1 マイクロ資料とはなにか　図書や雑誌，新聞などの資料を，写真撮影により肉眼では判別できないくらいに縮小し，マイクロ画像（micro-images）化することを「資料のマイクロ化」といい，それによって作製された資料をマイクロ（化）資料（microforms）と呼ぶ[13]。これは，肉眼で判読可能なマクロ資料（macroforms）に対する言葉である。

現在，マイクロ資料といえば，フィルム形態で利用するマイクロフィルム（microfilm）のことである[14]。マイクロフィルムを判読するには，リーダー（reader）と呼ばれる光学的拡大装置を使って拡大された投影像を読み取るか，

12：行政資料の収集については，自治体との連絡を密にして独自の収集活動を行っている日野市立図書館市政図書室（東京都）の例がある。

13：縮（小）率は直線比で表わされ，low（15X まで，1/15までの意），medium（30X まで），high（60X まで），very high（90X まで），ultra high（90X 以上）の5段階に区分される。

14：かつては印画紙などの不透明なベースにマイクロ画像を焼きつけたりしたマイクロオペーク（micro-opaque）があった。しかし光の反射光を映して読むため，画像が不鮮明で，複写をとりにくく，現在では使われていない。

複製機能を備えたリーダープリンター（reader-printer）によって，普通紙にとったコピーを利用するか，いずれかの方法が必要である。フィルムにはネガ形態とポジ形態の２種があるが，ネガフィルムは熱を吸収するため，リーダーで読むにはポジフィルムのほうが良い。

マイクロフィルムの主な形式には次の三つがある（2-4図)。

⑴　ロールフィルム（roll film）

最も伝統的なマイクロフィルムで，ロール（巻き物）形態のフィルムにマイクロ画像を撮影したもの。文献用には35mm幅や16mm幅が使われるが，大判の図面や地図用に70mm幅や105mm幅もある。特に105mm幅は，マイクロフィッシュ作製用として利用される。オープンリール方式での利用が一般的であるが，リーダーへの着脱が容易なカセット式やカートリッジ式などもある。しかし広く普及しているとはいえない。

35mmフィルムの場合，１コマの標準サイズは32×45mmで，１巻100フィート（30.5m）の標準フィルムに約640コマの撮影が可能である。さらに，１コマのサイズを標準サイズの半分にし，その１コマに書物の２ページずつを撮影すれば，全体では約2,500ページが収められる計算になる。このように，ロールフィルムの最大の長所は，大量の情報が１本のフィルムに収納できることである。反面，複数資料の混在化，一覧性の欠如による検索の不便さ，巻き取り操作を要することなど，短所も多い。

⑵　マイクロフィッシュ（microfiche）

１枚のシート状フィルムに碁盤の目のようにマイクロ画像を撮影したもの。“fiche”とはフランス語でカードのことである。ロールフィルムがアメリカで発達したのに対して，マイクロフィッシュはヨーロッパで考案された。しかし1964年，アメリカ連邦政府が政府関係レポートの配布用にマイクロフィッシュを採用したことにより，急速な普及をみた。

フィッシュの大きさは105×148.75mm（４×６インチ，A6判に相当）のものが標準サイズとなっている。１枚のフィッシュに収録されるコマ数は60コマ（５段×12列）と98コマ（７段×14列）のものが最も多いが，１枚に数千コマの撮影が可能な，縮小率１/100～１/300の超マイクロフィッシュ（super mi-

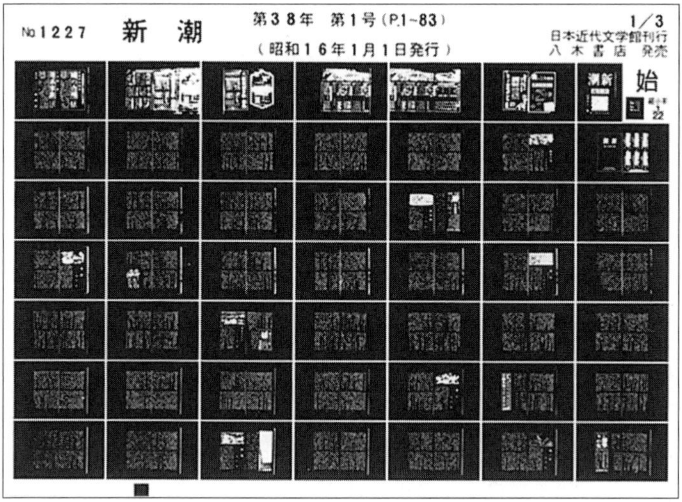

マイクロフィッシュ

アパーチュアカード

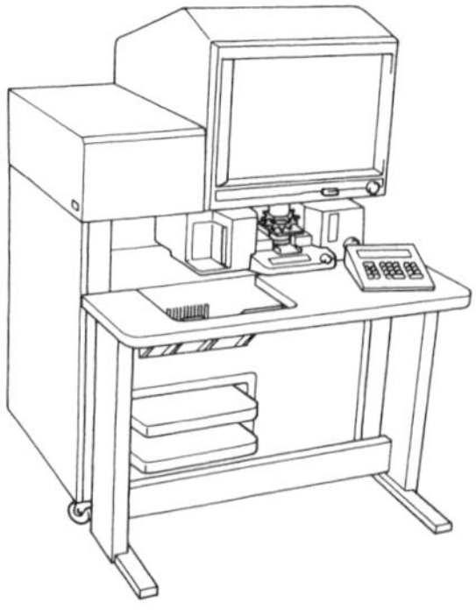

リーダープリンター

ロールフィルム

2-4図 リーダープリンターとマイクロフィルムの主な三形式

crofiche，ultra microfiche）と呼ばれるものもある。

マイクロフィッシュには次のような長所がある。ⓘロールのような巻き戻しの不便さがなく，リーダーへのセットも容易である。ⓘⓘ一つの資料（論文1件，あるいは雑誌1号分など）が1～数枚のフィッシュに収められるので，資料単位で扱うことができる。ⓘⓘⓘ最上段に，タイトルなどの書誌的事項や図書館での管理事項などを肉眼で読める大きさで記載でき（ヘッダー，header という），取り扱いが便利である。ⓘⓥ軽くてかさ張らないため，郵送費などが安く，配布が容易である。一方，短所は，薄いことからミス・ファイルや一部紛失のおそれがあることである。

(3) アパーチュアカード（aperture card）

機械検索用パンチカードの大きさのカード（82.55×187.25mm）を用い，その一部を切り抜いた窓にフィルムを固定したもの。アパーチュアとは，開き口とか，穴，すき間という意味である。

カードはそのまま排列でき，紙の部分には索引情報等も記入できるが，収録できるのは1～12コマ程度である。そのため，設計図や図面など1枚1枚が独立した資料の管理には適しているが，文献の撮影には有効ではない。

❷マイクロ化される資料　マイクロ資料の作成には，図書館が独自に行う場合と，出版社や各種機関が市販（マイクロ出版，micropublishing）や配布を目的に行う場合とがある。マイクロ資料作成の目的には以下のようなものがある。

①入手困難な資料の収集のため……この目的では，復刻刊行のマイクロ出版（正確には microrepublishing）が盛んに行われてきた。印刷形態では採算がとれないものでも，マイクロ出版であれば可能となる場合が多い。

②長期保存用として……紙質の悪さや劣化のため長期保存に耐えにくい資料をマイクロ化して保存するもの。

③貴重書などの閲覧用として……原資料は損傷防止のため保存用とし，閲覧用としてマイクロ資料を用意するもの。

④保管・保存スペースの節約のため。

⑤紙に代わる出版媒体として……マイクロ版のみで刊行するもの。

⑥デジタルデータの永年保存を目的としたバックアップ媒体として……大量の文書データをコンピュータから直接アナログ変換して，高速出力する。COM（computer-output microform または computer-output microfilm）。COM fiche などがある。

⑴ 古文書，貴重書，その他の記録類

原本汚損の心配をせずに所蔵資料の積極的利用を図ることができる。また，原本が入手できない場合の手段として，マイクロ化での収集が行われる。

国立国会図書館の貴重書，準貴重書のマイクロ化や国文学研究資料館のマイクロフィルムによる古典籍収集などの事例がある。また，古文書類のマイクロ化は，県立図書館などの公共図書館でも，郷土資料の収集・保存手段として活用される。広く需要を見込めるものについては，マイクロ出版も行われる。

⑵ 新聞

新聞は大型資料として日々増加し膨大な蓄積となることや，紙質が悪く長期保存に適さないことから，マイクロ化には最適の資料である。国立国会図書館による，日本近代史研究に不可欠の昭和20年以前の国内新聞や，新刊新聞のマイクロ化の事例がある。また，主要全国紙や多くの地方紙についてマイクロ版が作られており，市販目的のマイクロ出版も行われている。

⑶ 雑誌

複写による破損防止などを目的として，国立国会図書館では，利用頻度の高い明治・大正期の学術雑誌をマイクロ化している。また，各種雑誌のバックナンバーのマイクロ出版も行われている。

⑷ 図書

紙質（酸性紙など）や利用が原因で劣化した図書（3章4節参照），あるいは劣化が予想される図書を，保存・閲覧用としてマイクロ化することがある。国立国会図書館の『明治期刊行図書マイクロ版集成』や早稲田大学図書館の『明治期刊行物集成』，『大正文芸書集成』などの例がある。

⑸ 目録などの二次資料

コンピュータからマイクロフィッシュに出力されたCOM目録が，コンピュータ目録普及前に出現したが，短期的試みに終わった。

3マイクロフィルムの特性と意義　マイクロフィルムには次のような特性がある。

①写真撮影によるため，原資料を損なうことなく，容易に正確な複製を得ることができる。また印刷形態よりも作製時間が短く，コストも安い。

②縮小性……この特性により保管スペースが大幅に節約できる。また持ち運びも容易である。特にフィッシュは軽くてかさ張らないため郵送費などが安く，複製配布や相互貸借に大きな威力を発揮する。ただし，リーダーの操作が面倒なこと，目が疲れること，書き込みができないことなど，利用者に心理的・身体的抵抗感を与えるのが短所である。

③定型性……原資料の形態やサイズにかかわらず，すべて画一化され規格化されるので，資料管理が格段に容易になる。保管にはすべて規格化された専用キャビネットを用いるため，保存スペースの予測も立てられる。また，フィルムの自動出納システムや，必要なコマの自動検索など，機械化ともなじみやすい。

一方，短所としては，原資料のサイズや紙質を確認できないこと，画一的で識別が困難なためミス・ファイルを生じやすいことなどがある。

④耐久性……マイクロフィルムの保存寿命は，長期保存用で100～200年，複製・配布用で100年程度と推定され，劣化を抑えるための品質改善も進んでいる。しかし，高い保存性の確保には，フィルムの現像処理が完全であることに加え，温度や湿度，ほこり，汗などの付着に対しても細心の注意が必要である。

⑤複製機能……紙へのプリントだけでなく，フィルムプリントも容易で，費用も比較的安価である。このため，マスターフィルムさえ用意すれば，閲覧や複写用のフィルム作製は，複製量の多少にかかわらず容易である。

ところで，マイクロ資料は，“コンピュータの画像処理技術と蓄積メディアの発展に伴って，検索にも優れた画像データベースシステムへと移行しつつあり”[15]，国立国会図書館も，2009年度以降の所蔵資料のメディア変換は，原則としてデジタル化によることに方針を変更した。これにより，貴重書や明治期図

15：日本図書館情報学会編．図書館情報学用語辞典．第４版，丸善，2013．

書等についてのマイクロフィルムからの電子化が行われ，CD-R や DVD[16]，あるいはインターネットを通しての提供が行われている。また，先に挙げた国文学研究資料館の古典籍収集でも，現在ではデジタル画像での収集が行われている。この他，有価証券報告書についても，電子開示が義務化され，金融庁の管理する EDINET でインターネット公開されるなど，状況は大きく変化している。

一方，こうした電子メディアについては，記録媒体の劣化や記録情報の改ざん・消失の可能性，あるいは頻繁な規格変更により，古いメディアを閲覧するための機器が入手できなくなるなどの問題が指摘されている（3章4節参照）。これに対して，マイクロフィルムの場合には，情報の改ざんも難しく，リーダーの仕組みが安定しておりそれらが将来的に読めなくなる心配も少ないことから，現在のところ，マイクロ資料が直ちに完全に電子メディアに取って代わられるという状況にはない。

b．視聴覚資料

❶視聴覚資料の種類　19世紀半ば以降に次々と開発されるようになった写真・映画・録音などの新しい情報記録の技術は，音や視覚的イメージなど，文字では伝達困難な情報の記録・資料化を可能にした。こうした新しい情報メディアは，絵や図などとともに視聴覚資料（AV 資料，audio-visual materials）と総称されている。視聴覚資料には次のような種類がある。

⑴　簡易視覚資料

利用の際に機械装置を要しない簡易な視覚資料。整理・保管の観点からはファイル資料でもあり，その多くが印刷資料でもある。

①写真，絵はがき類……人物や風景，社会風俗などを記録したものとして，歴史資料，地域資料としての価値がある。

②複製絵画……鑑賞用や教材用としての意義がある。

③ポスター……グラフィックデザインとしての芸術的価値とともに「時代の証言者」としての歴史的な資料価値がある。

16：情報の高密度記録という面では，デジタル型のマイクロ資料ともいえる。

④紙芝居……幼児教育用や児童サービス用として重要な資料である。

⑵ 映像資料（音の記録を伴うものを含む）

①スライド（slide），トランスペアレンシー（transparency：TP）……前者は，1コマのフィルムを約5cm四方のマウントに固定したもので，スライド映写機で投影される。後者は，オーバーヘッド・プロジェクター（overhead projector：OHP）用の大型透明陽画のことで，OHPシートとも呼ばれる。かつては教材や資料提示用に使われたが，コンピュータのプレゼンテーションソフトの普及で，スライドはほぼその役割を終え，OHPも書画カメラにその座を譲っている。

②映画フィルム……一般興業映画のほか，学校教育や社会教育用の各種教材映画，企業や官公庁の企画による産業映画・広報映画など，さまざまな種類がある。興業用以外では16mmフィルムが一般的だが，デジタル化によるフィルムレス化が進行し，既存のフィルムの高画質DVDへの変換も行われている。

③ビデオテープ，ビデオディスク（video disc）……映像と音声を同時に記録できるもので，前者は磁気テープ，後者は光ディスクである。光学式のビデオディスクは非接触式の読取り方式のため，テープに比べて劣化しにくく，音質・画質ともに優れ，ランダムアクセスもできるなどの長所がある。光学式ビデオディスクには，映像信号をアナログ方式で記録するレーザーディスク（LD）があったが（直径30cm），現在ではデジタル方式のDVD[17]やブルーレイディスク（BD）にその座を譲った。ビデオソフトの内容は，テープ，ディスクともに，映画・音楽物が中心であるが，学校教材用ソフトの刊行も行われている。

⑶ 音声・音響資料

音の記録には，音の波形を音溝（おんこう）の凹凸として記録するアナログ方式の，いわゆるレコード（phonograph record）と，音の波形をアナログ的に磁気パターンに変えて記録する磁気録音方式のテープ（カセットテープなど）とが使われてきた。しかし，現在では，音声信号をデジタル化して記録するデジタル・オ

17：CDに代わる大容量光ディスクでdigital video discの略。しかし，用途がビデオだけでなく多目的性があることから，digital versatile discの略でもある。

ーディオディスク（digital audio disc：DAD）としてのCD（compact disc）が，音質，機能面（ランダムアクセスなど）で優れた特質をもつことから，音声・音響資料の中心となっている。オーディオソフトの内容は音楽が中心であるが，語学学習用や文学作品の朗読など，非音楽資料も多い。

❷視聴覚資料と図書館　公共図書館での視聴覚資料の収集に関しては，昭和25(1950)年の図書館法第3条で，“……美術品，レコード，フィルムの収集にも十分留意して，図書，記録，視聴覚教育の資料その他必要な資料を収集し，一般公衆の利用に供すること”と明記されたが，その後も久しく，視聴覚資料の収集にまで手を伸ばす余裕はほとんどないという状況が続いた。ようやく，図書のみならず視聴覚資料の収集，提供をも積極的に推進しようという機運が生まれるのは，公共図書館活動が活性化する昭和40年代後半以降のことであった。

現在，公共図書館では，簡易視覚資料として，児童サービスに欠かせない紙芝居の収集が定着している。また，地域歴史資料としての写真資料の収集も広く行われており，各種印刷物への掲載資料として利用されている。さらには複製画の収集・貸出も一定の広がりをみせている[18]。一方，再生機器を要する資料としては，かつてはアナログレコードとカセットテープ，およびビデオカセットが中心であったが，現在では，CDとビデオカセット，およびDVD中心の収集・貸出が一般的である（なお，館内鑑賞用としてのLDもまだ残っている）。

ところで，著作権法では，映画を除く著作物についての「貸与権」[19]が著作者に認められているが，映画以外の著作物を，非営利かつ無料で公衆に貸し出す場合は，権利者に断りなく貸与できることとされている[20]。そのため，音楽CDやアナログレコードの貸出は，書籍や雑誌と同様に，著作者の許諾を得ることなく行うことが可能である。

18：簡易視覚資料の収集では，社会労働問題の研究所であり，専門図書館でもある「法政大学大原社会問題研究所」の戦前・戦後のポスター，および写真のコレクションが有名である。

19：（第26条の3）著作者は，その著作物（映画の著作物を除く。）をその複製物の貸与により公衆に提供する権利を占有する。

20：（第38条第4項）公表された著作物（映画の著作物を除く。）は，営利を目的とせず，かつ，その複製物の貸与を受ける者から料金を受けない場合には，その複製物の貸与により公衆に提供することができる。

一方，DVDなどのビデオソフトを含む映画の著作物について著作者に認められているのは「頒布権」である[21]。著作権法は，こうした映画の著作物についても，非営利かつ無料での貸与を認める規定を設けてはいるが，映画以外の著作物と違い，貸与が認められる施設を公共図書館や視聴覚教育施設（国や地方自治体が設置するもの）に限定し，権利者に対する補償金の支払いを義務づけている[22]。なお，公共図書館での映画上映は，非営利で，料金を徴収しない場合に該当し，著作者の許諾がなくても可能である（著作権法第38条第1項）。

いずれにしても，図書館でのCDやビデオソフトの提供には，教育・教養作品や各種の受賞映画など，評価の定まったものや，資料性の高い作品を中心に，営利事業としてのレンタル店などとは差別化された運営理念が求められる。

ところで，個人利用が中心の公共図書館とは別の機関として，学校等の教育機関や社会教育関係の団体，グループに対して，16mm映画フィルムやビデオテープ，DVDなどの視聴覚教材を機材とともに貸し出す「視聴覚ライブラリー」[23]の存在がある。ただし，東京都立多摩図書館のように，団体貸出を目的に，独自に1万本余りの16mm映画フィルムを所蔵する図書館もある[24]。

最後に，図書館における視聴覚資料を考える上で，自館製作の重要性について指摘しておきたい。国立国会図書館・憲政資料室は，わが国憲政史に残る

21：（第26条）著作者は，その映画の著作物をその複製物により頒布する権利を占有する。2．著作者は，映画の著作物において複製されているその著作物を当該映画の著作物の複製物により頒布する権利を占有する。

22：（第38条第5項）映画フィルムその他の視聴覚資料を公衆の利用に供することを目的とする視聴覚教育施設その他の施設（営利を目的として設置されているものを除く）で政令で定めるもの及び聴覚障害者等の福祉に関する事業を行う者で前条の政令で定めるものは，公表された映画の著作物を，その複製物の貸与を受ける者から料金を受けない場合には，その複製物の貸与により頒布することができる。この場合において，当該頒布を行う者は，当該映画の著作物又は当該映画の著作物において複製されている著作物につき第26条に規定する権利を有する者に相当な額の補償金を支払わなければならない。

23：現在では，視聴覚資料の製作や職員研修，さらには視聴覚教材を用いた教育・学習活動を実施する総合的な学習情報提供機関として，相当規模の専有施設と設備，専門職員を擁する「視聴覚センター」の名称をもつ施設もつくられている。

24：国内外の興業映画を収集・保存している国立の映画機関として，国立映画アーカイブ（National Film Archive of Japan）がある。東京国立近代美術館フィルムセンターが2018年4月に独立したもの。

「生き証人」からの録音による証言収集をすすめている（オーラル・ヒストリーと呼ばれる）が，公共図書館でも，地域に残る民話や民謡，方言などを録音採取したり，失われゆく郷土芸能や地域行事，変貌する地域の風景などを映像記録として残すことで，貴重な地域資料を生み出すことができる。なお，こうした資料の製作・収集には，市民との協働も有効である。

c．パッケージ系電子出版物

1章で述べたように，パッケージ系電子出版物とは，CD-ROM や DVD などの有形の媒体に情報を固定した電子出版物のことで，国立国会図書館では，“電子的方法，磁気的方法その他の人の知覚によっては認識することができない方法により文字，映像，音又はプログラムを記録した物”（国立国会図書館法第24条）として，2000年から納本対象に組み入れている。また，図書館法でも，2008年の改正時に，“電磁的記録”として図書館資料に追加された。内容的には，「コンテント系」（従来の紙媒体による書籍，雑誌等の内容に相当する情報を収載し，出版したもの），「ゲーム系」（娯楽用や教育娯楽用のゲームソフト），「アプリケーション系」（文書作成や表計算ソフト等のコンピュータ・プログラム）の三つに大きく類型化されるが[25]，一般図書館での収集対象[26]は「コンテント系」が中心である。

パッケージ系電子出版物は，ⓘ情報収録量が大きく，文字，画像，音声情報をともに収録できる，マルチメディアの記録媒体として優れた機能をもつこと，ⓘⓘ検索機能が優れていること，ⓘⓘⓘ従量制ではないため，料金を心配せずに使えること，ⓘⓥ所蔵スペースを節約できることなど，多くの長所を有している。こうした特性を生かし，これまで，次に挙げるような，二次資料から一次資料にわたるさまざまなコンテント系電子出版物が市場に送り出されてきた。

①辞書，事典，百科事典類……わが国の CD-ROM 出版は辞典から始まった。

②書誌，目録，記事索引などの二次資料……『日本全国書誌』（J-BISC），『国立国会図書館蔵書目録』（明治期，大正期，昭和戦前期），雑誌記事索引

25：納本制度調査会．答申・21世紀を展望したわが国の納本制度の在り方：電子出版物を中心に．1999，p.6.

26：通常の購入方式の他に，ライセンス契約を要するものや，リース方式もある。

（国立国会図書館[27]や大宅壮一文庫のものなど），新聞記事索引など。

③電子復刻版……日本東洋古美術研究誌『國華』の DVD-ROM 復刻や，『国立国会図書館所蔵昭和前期刊行図書デジタル版集成』（CD-R 版と DVD 版がある）などが代表例である。ほかにも，さまざまな貴重資料の復刻に利用されている。

④数値・データ集……国勢調査，統計年鑑，企業の財務データなど。

⑤その他……白書，図鑑，名鑑（人物，企業等），法令・判例集，地図など。

⑥一般書……1995年発売の CD-ROM 版『新潮文庫の100冊』はその代表例。

しかしながら，パッケージ系電子出版物は，頻繁な更新が可能なネットワーク系と比べてタイムラグが大きく，保存環境次第では劣化や記録消失もありうることから，インターネットが急速に普及すると，ネットワークでの提供に移行するものが増えていった。特に，常に最新の状態を保ちながらの検索機能が要求される，辞書や百科事典，書誌・索引類，データ集などでは，CD-ROM 版の刊行終了とネット配信への移行が進んだ[28]。また，白書や年次報告書，各種政府統計データなども，電子政府の総合窓口（e-Gov）を通して，インターネットでの入手が可能となり，一般書でも，ネット配信の電子書籍化が進んでいる。一方で，電子復刻版や『新聞記事データ集』（日外アソシエーツ）のように，更新の必要性が低く，保存性重視のものでは，引き続き CD-ROM 等での出版が行われている。

d．視覚障害者用資料

視覚障害者を対象とした図書館サービスには，拡大読書器や印刷物を読み取り音声で読み上げる音声読書機などの設置や，対面朗読サービスがあるが，ここで取り上げるものは，視覚障害者のために特別に作成された資料である。

(1)　点字資料

点字（braille）とは墨字に対する言葉で，視覚障害者が指先の触覚で読みと

27：1948年から2001年までの記事データ約520万件を１枚に収めた DVD 版もある。

28：CD-ROM 版については，国立国会図書館の『雑誌記事索引』が2004年度で終了。『大宅壮一文庫雑誌記事索引総目録』と『科学技術文献速報』も2008年版で，『理科年表』も2006年度版で終了し，それぞれウェブ版に移行している。

ることができるように考案された記号である。縦３点横２列の６点を１マスとして，その突起の有無の組み合わせで文字や数字などを表わす，いわゆる６点式点字が世界各国で使用されている。

点字資料の作成には，点字器や点字タイプライターが使われてきたが，現在では，パソコンで入力したデータを自動点訳ソフトで変換し，点字プリンターで打ち出す方法が一般的である。なお，著作権法第37条により，公表された著作物の点字による複製は従来から自由とされてきたが，その後の法改正で，パソコンによる点字データの保存や公衆送信も，著作権者の許諾なしで認められるようになった。作成される点字資料としては，点訳ボランティアによる点訳図書が大部分を占めているのが現状である。

点字資料の出版は，営利事業としては成り立ちにくいため，出版社の数も少なく，出版点数もわずかである[29]。点字資料の印刷には，二つ折りにした亜鉛板に自動製版機で点字を打ち，その間に用紙を挟んでプレスする方法や，発泡インクを用いて印刷し，加熱して印刷部分を膨張させる方法（サーモフォーム図書）などがある。点字資料はかさ張るのが難点で，排架にあたっては，点をつぶさないよう配慮が必要である。

⑵　さわる絵本

視覚障害児が手でさわって鑑賞できるように作られた絵本で，文字の部分は点字と墨字で記し，絵の部分は布や毛糸，皮，プラスチック，ボタン，ビーズなどの素材を使って，実物が想像できるように工夫して貼り付けてある。

⑶　録音資料

図書や雑誌などの文字資料を音声に変えて記録したもので，カセットテープにアナログ録音したものが長い間使われてきたが，現在では，デイジー（DAISY）規格[30]によりデジタル録音されたCD-ROMに移行している。デイジー図書は，CD1枚の収録時間の長さや読みたい場所への移動の容易さなど，テープ

29：点字出版物を知る書誌として，日本盲人社会福祉施設協議会点字出版部会が編纂した『日本点字出版総合目録』（2011）がある。また，週刊の点字新聞『点字毎日』は大正11（1922）年に創刊され，95年を超える歴史をもっている。

30：Digital Accessible Information System の略称で，視覚障害者や識字障害者のためのデジタル録音図書の国際的標準規格である。

図書に勝る機能を備えている[31]。録音資料は，点字習得の労を要しないことから，点字資料をしのぐ普及をみせている。

著作物の音声媒体への変換やデータの公衆送信は，公共図書館等の一般図書館ではその都度著作権者の許諾を要したが，著作権法の改正によりその必要がなくなり，サービスは大幅に改善された（著作権法第37条第３項）[32]。

⑷　拡大図書

弱視者用に文字や絵を拡大した図書のことで，手書きで製作される「拡大写本」，大きな活字で版を組み直して印刷した「大（型）活字本」，原本を製版カメラなどで拡大した「拡大本」がある。ボランティアによる拡大写本づくりだけではなく，高齢化社会を背景に大活字本での出版も増えている。

ところで視覚障害者用資料の製作には相当の時間と労力を要するため，重複製作を避け，相互貸借を進めることが必要である。そのため，国立国会図書館では，『点字図書・録音図書全国総合目録』[33]を作成し，全国の図書館で作製された資料の所蔵情報を提供している。また，民間でも，点字・録音図書の最大の書誌データベースを持つ「視覚障害者情報総合システム：サピエ」[34]が，点字図書，録音図書の検索と，保有する点字データやデイジーデータの会員へのダウンロードサービスを行っている。なお，点字資料，録音資料ともに，文芸書の比重が高く，専門書や学術書を求めるニーズへの対応が課題となっている。

31：デイジー図書は，もともとは視覚障害者のための録音図書であるが，LD（学習障害）やディスレクシア（識字障害）など，印刷物としての資料を読むことに困難を抱えている人たちのために，文字と映像を同期させた電子図書であるマルチメディア・デイジーが開発され利用されている。

32：ただし，司書等が置かれている図書館に限られる。現在，図書館関係団体の間で作成された「図書館の障害者サービスにおける著作権法第37条第３項に基づく著作物の複製等に関するガイドライン」（2010）に従い運用されている。

33：国立国会図書館オンライン，国立国会図書館サーチで検索できる。

34：日本点字図書館がシステムを管理し，全国視覚障害者情報提供施設協会が運営を行っている。日本 IBM が1988年に始めた社会貢献事業「てんやく広場」が起源で，1998年には「ないーぶネット」と改称，2010年４月に再改称したもの。

2．無形出版物としてのネットワーク情報資源

（1）オンライン出版物

a．電子書籍（電子図書，電子ブック）

本章1節でも取り上げたように，図書あるいは書籍とは，文字や図，絵，写真などによって表現された情報を紙に印刷し，束ね，造形した出版物である。これを電子化し，パソコンやスマートフォン，タブレット PC などで利用する出版物が電子書籍（electronic books, ebooks）である。

日本の電子書籍の端緒は，1985年に三修社が発行した『最新科学技術用語辞典』CD-ROM 版である。検索性能に優れているという特徴を生かし，辞書・事典類の CD-ROM や DVD-ROM による電子出版が相次いだ。その後，情報流通の基盤としてのインターネット技術が発展すると，CD-ROM や DVD-ROM といったパッケージで刊行されていた電子出版物は，オンラインでの配信に移行した。今日，電子書籍と呼ばれるものは，インターネットを通じて入手したり，利用したりするオンライン出版物のことを指すのが一般的である。

電子書籍の利用にあたって最も身近な方法は，一般消費者向けの電子書籍サービスであろう。アマゾンの Kindle やアップルの Apple Books，グーグルの Google Play といった海外企業によるサービスに加え，ソニーの Reader Store や楽天の Rakuten kobo，紀伊國屋書店のウェブストアなど，多様な販売サービスが展開されている。このうち，アマゾン，ソニー，楽天は，それぞれ専用の端末も販売している。利用者は各社が運営する電子書籍販売ウェブサイトにアクセスし，クレジットカードやプリペイドカードなどを用いてその利用権を購入し，手元の専用端末やスマートフォンなどにダウンロードして閲覧したり，ウェブを通じて利用したりする。

図書館による電子書籍サービスも広まりつつある。アメリカを本拠とする電子書籍サービス Rakuten OverDrive を利用する図書館は，2018年現在，世界で43,000館以上と報告されている[35]。2008年当時は8,500館以上であったことか

ら[36]，この10年の間に約5倍となっている。国内では，千代田区立図書館が千代田 Web 図書館として，2007年11月から電子書籍の貸出サービスを開始して注目を集めた[37]。2019年に電子出版制作・流通協議会が公共図書館を対象に行った調査によれば，電子書籍貸出サービスを実施しているのは回答館420のうち，43館（10.2％）であった[38]。

商用の電子書籍サービスでは，利用者認証が必要となる。一般に行われるのは，①利用者アカウントによる認証，② IP アドレス認証の二つである。①は図書館が利用者に ID とパスワードを配布し，専用サイトにログインしてもらう方法，②は館内など，図書館が指定する区域内でパソコンやスマートフォンなどを用いて電子書籍を利用してもらうものである。

図書館による電子書籍の利用提供には，①1タイトルあたりの利用者数を1名から3名などに制限する場合と，②同時アクセスを無制限とする場合の二つがある。前者は，紙の図書同様，特定の利用者にその電子書籍利用の独占権を与えるものである。後者は複数の利用者が同時に利用できるモデルで，海外の学術出版社が提供する電子書籍サービスにみられる。いずれの利用方法を提供できるかは，電子書籍サービスの契約モデルと価格による。

契約モデルは多様である。紙の図書と同じように1タイトルずつ購入する買い切りモデル，利用期間や利用回数が設定されたタイトルを購読契約する方法，一定規模の電子書籍コレクションを特定期間，無制限で利用できるサブスクリプションモデルなどがある。利用者主導型購入方式（patron-driven acquisi-

35："Public Libraries Achieve Record-Breaking Ebook and Audiobook Usage in 2018,"（Press Release），2019，https://company.overdrive.com/2019/01/08/public-libraries-achieve-record-breaking-ebook-and-audiobook-usage-in-2018/，(accessed 2019-07-20).

36："OverDrive Announces 2008 Library Download Statistics and Milestones,"（Press Release），2009，https://company.overdrive.com/2009/01/06/overdrive-announces-2008-library-download-statistics-and-milestones/，(accessed 2019-07-20).

37：2018年3月に LibrariE&TRC-DL に変更された。

38：植村八潮，野口武悟，電子出版制作・流通協議会編著．電子図書館・電子書籍貸出サービス調査報告2019．電子出版制作・流通協議会，2019，p.15.

tion：PDA）や需要主導型購入方式（demand-driven acquisition：DDA）は，電子書籍に特徴的な契約モデルである。これらは利用者が未契約の電子書籍を試読し，一定時間あるいは一定ページ数を利用したら図書館がその電子書籍を購入するというものである[39]（3章3節も参照）。

電子書籍サービスは，主として次の二つの方法で提供される。一つは出版社が自社の出版物を電子化し，専用サイトで提供するものである。著名なサービスとしては，Springer（シュプリンガー） Nature や Wiley（ワイリー），Elsevier（エルゼビア）といった大手学術出版社によるものが挙げられる。もう一つは各出版社が発行する電子書籍を収集し，利用者に配信提供するアグリゲータ[40]によるサービスである。これには先に示した Rakuten OverDrive，EBSCO（エブスコ） Publishing の EBSCO eBooks，ProQuest（プロクエスト）の ProQuest Ebook Central，国内では図書館流通センター（TRC）の LibrariE&TRC-DL，紀伊國屋書店の KinoDen，丸善雄松堂の Maruzen eBook Library がある。このほか，小学館グループのネットアドバンスが運営する JapanKnowledge は，『日本大百科全書』や『日本国語大辞典』といったレファレンスツールに加え，『東洋文庫』シリーズ（平凡社）や『新編日本古典文学全集』（小学館）などのコンテンツを提供している。

b．電子ジャーナル（オンラインジャーナル，電子雑誌）

雑誌の電子化については海外の学術雑誌が先行している。約300の学協会が加盟する国際的な学術出版社協会 ALPSP（The Association of Learned and Professional Society Publishers）が2008年に行った調査によれば，すでにこの時点で自然科学系の96.1％，人文社会科学系の86.5％の学術雑誌がウェブで提供されていた[41]。

電子ジャーナル（electronic journals，e-journals，online journals）は，主として出版社が運営するウェブサイトのほか，電子書籍と同様，アグリゲータ

39：購入する条件はトリガーポイント（trigger point）と呼ばれるが，試読対象とした電子書籍がどの程度購入に繋がるかを判断して予算を組むのは難しい。そのため，この条件を満たした後にその電子書籍を購入するかどうかを図書館員が判断できるようなしくみを提供するサービスもある。

40：複数の出版社が発行する電子書籍や電子ジャーナルなどのデジタルコンテンツをまとめて提供するサービス業者。aggregate は「集める」「総合する」の意。

から提供される。著名な出版社サイトとして Elsevier の ScienceDirect，Springer Nature の SpringerLink，Wiley の Wiley Online Library などがあり，アグリゲータには EBSCOhost，Ingenta Connect，ProQuest Central，BioOne Complete などがある。国内では，科学技術振興機構（JST）の J-STAGE がアグリゲータとして機能している。

実際，国内の大学図書館では多くの電子ジャーナルが導入されている。文部科学省が毎年行っている「学術情報基盤実態調査」によれば，８学部以上を有する国立および私立の大規模大学では，冊子の学術雑誌よりも電子ジャーナルの平均所蔵数が多くなっている（図２−５）。その要因としては，国立大学では2002年以降，私立大学では2004年以降に，国立，公立，私立といった設置者ご

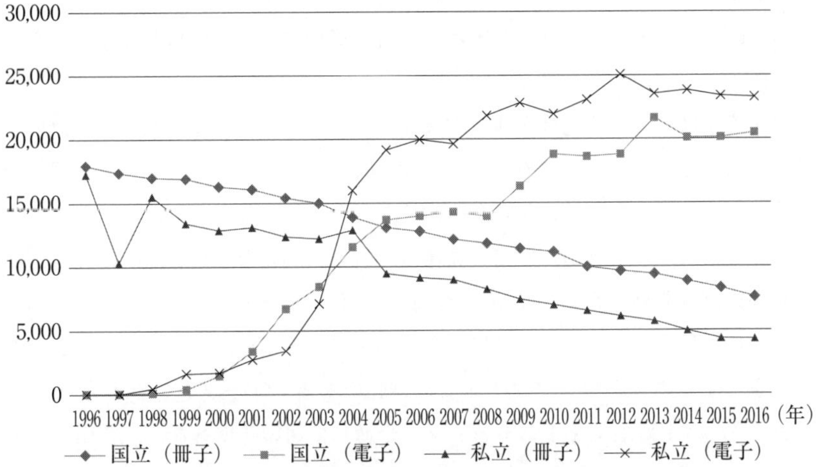

2−5図 雑誌所蔵タイトル数の推移[42]
（文部科学省．学術情報基盤実態調査結果報告．各年度版を基に筆者作成）

41：“Latest ALPSP Scholarly Publishing Practice Survey on online journal publishing is now available,” (Press Release), 2008, https://www.alpsp.org/write/MediaUploads/SPP3PressRelease.pdf, (accessed 2019-07-20). なお，2003年の調査では75%，2005年調査では90%がオンラインで提供されていた。（出典：“New ALPSP survey shows 90% of journals are now online - a rise from 73% in 2003,” (Press Release), 2006, https://www.alpsp.org/write/MediaUploads/SPP2press.pdf, (accessed 2019-07-20).）

42：冊子は受入タイトル数，電子は利用可能タイトル数を集計した。

とに，あるいは同一主題分野や近隣に位置する複数の大学図書館が連携してコンソーシアムを組織し，海外の各出版社とのビッグディール契約を通じて，利用できる電子ジャーナルのタイトル数が拡大したことが挙げられる。ここで，ビッグディール契約とは，電子ジャーナルの特定の集合を一括して契約する方式で，一挙に数多くのタイトルが利用可能になる（ただし，不要なタイトルの契約を個別に解除することはできない）。

一方，紙の学術雑誌の所蔵数減少に大きな影響を与えたのが雑誌価格の高騰である。これは国内の大学図書館にとどまらず世界規模での問題となった。一般にこの現象はシリアルズクライシスと呼ばれる（3章2節参照）。欧米では1980年代後半から，日本では1990年代に起きたが[43]，ビッグディール契約の導入により，その状態が大きく改善された。しかし，電子ジャーナル化された学術雑誌は，その後も価格上昇を続け，購読を維持することが難しくなってきている[44]。

学術雑誌は本来，研究者が研究成果を公表し，研究者仲間で共有するための手段であった。しかし，学術研究の拡大と細分化，国際化により，その機能の維持，向上を商業出版社に頼らざるをえなくなった。加えて，出版社の寡占化が進んだ結果，学術雑誌の価格が高騰し，研究に必要な学術雑誌を研究者が閲覧できない事態を招くことになった。

こうした電子ジャーナルの価格高騰に端を発する学術論文の入手問題を解決しようとする動きがオープンアクセス運動である。オープンアクセス（open access）とは学術論文をインターネットを通じて何の障壁もなく，自由に無料で利用できるようにすることをいう。この運動の契機となったBudapest Open Access Initiative（BOAI，2002）によれば，その実現方法には，①セルフアーカイビングと②オープンアクセスジャーナルの二つがある[45]。前者は論文の著者が自ら公開アーカイブサイトに研究成果を登録するもので，機関リポ

43：尾城孝一，星野雅英．学術情報流通システムの改革を目指して：国立大学図書館協会における取り組み．情報管理．2010，vol.53，no.1，p.3-11.

44：例えば次のようなニュースも新聞で報道されるようになった。合田禄，野中良祐．学術誌値上げ 大学悲鳴：電子版高騰 研究に支障．朝日新聞．2019年7月7日．朝刊．3面.

ジトリ（institutional repository）はそのサイトの一つとなっている[46]。後者は学術雑誌の発行にかかる費用を購読者ではなく，別の手段によって賄うことで無料公開を目指すものである。一般にその費用は，著者である研究者が論文掲載料（article processing charge：APC）として負担することが多い。また，公的な研究助成を受けた論文は，公開猶予期間後にオープンアクセス化を求められることもある。

学術雑誌に掲載される研究論文に対しては，HTML 形式と PDF 形式の二つが用意されるのが一般的である。論文の内容をざっと確認したり，検索したりするときには HTML 形式で読み，熟読する場合には PDF ファイルをダウンロードし，印刷して利用する研究者が多いようである[47]。

なお，電子ジャーナルという呼称は，電子化された学術雑誌に用いられ，一般誌の電子版は，「電子雑誌」や「デジタル雑誌」と呼ばれることが多い。国内でも，スマートフォンやタブレット PC の普及によって，電子雑誌のタイトル数も増えてきている。富士山マガジンサービスが提供する雑誌の定期購読サービス Fujisan.co.jp（https://www.fujisan.co.jp/）では，冊子体の雑誌紹介のほか，2,500タイトル以上（2019年７月現在）の電子雑誌を提供している。同様のサービスとして，雑誌オンライン.COM+BOOKS（http://www.zasshi-online.com/）がある。また，電子雑誌や電子新聞を定額料金で提供するビューン（https://www.viewn.co.jp/）や d マガジン（https://magazine.dmkt-sp.jp/）といったサブスクリプションサービスもある。

c．電子新聞（オンライン新聞）

新聞の電子版は，新聞記事データベースとして早くから提供されてきた。現

45：Budapest Open Access Initiative. “Read the Budapest Open Access Initiative.” https://www.budapestopenaccessinitiative.org/read, (accessed 2019-07-20).

46：大学などの研究機関が，その機関としての学術的成果を蓄積し，公開するための組織が機関リポジトリである。大学図書館がその役割を担うことも多い。

47：医学研究者489名対象の調査（2007年）では，最近読んだ論文は電子ジャーナル掲載のものを印刷したものとの回答が260名と半数以上であった（倉田敬子ほか．日本の医学研究者の電子メディア利用とオープンアクセスへの対応．2007年度三田図書館・情報学会研究大会発表論文集，p.33-36.）。

在提供されている主なものに，朝日新聞社の聞蔵(きくぞう)II，読売新聞社のヨミダス歴史館，毎日新聞社の毎索(まいさく)，日本経済新聞社の日経テレコンなどがある。

新聞紙面を電子化して配信するサービスは，産経新聞社が2001年８月から開始した。その後，2010年３月に日本経済新聞が，2011年５月に朝日新聞がそれぞれ電子配信サービスを開始している（現在では，大手五紙すべてがこの種のサービスを提供している）。これらは，朝夕刊記事の全文を有料で配信するもので，パソコンやスマートフォン，タブレット PC などで読むことができる。また，国立印刷局のインターネット版官報は，最新30日分の『官報』を無料で配信している（PDF ファイル，https://kanpou.npb.go.jp/）。このほか，地域紙（35紙）や専門紙（13紙），スポーツ紙などを電子新聞として販売するポータルサイトとして，新聞オンライン.COM がある（http://www.shimbun-online.com/）。

（2）デジタルアーカイブ，電子図書館

図書館は，早くから資料の電子化と公開に取り組んできた。図書館で電子化の対象となった資料の多くは，その図書館が所蔵する貴重図書や文書類である。こうした資料は，研究目的に限るなどの閲覧制限があったり，まったく閲覧できなかったりしたものであるが，電子化されることにより多くの利用者がインターネット上のデジタル画像で閲覧できるようになった。この際，デジタル写真技術の向上による高精細な画像によって，細部にわたって資料を観察，検討可能になったこともその利点の一つである。

一方，図書館によって採用される画像ファイル形式が異なっていたり，閲覧にあたって特別のソフトウェアが必要であったりするなどの技術的問題も発生した。また，画像によってのみ提供された場合，その内容を対象とした全文検索ができなかったりもする。さらには，これらが独立したデータベースとして提供されている場合，サーチエンジンが画像情報を自動収集することは難しく，インターネットに公開してもサーチエンジンではヒットしないということもありうる。これらのことから，提供方法をも考慮に入れた公開が求められる。最近では画像の公開，共有を促進するしくみとして，IIIF（International Image

Interoperability Framework）という国際的な枠組みを構築する動きもある。

大規模な資料の電子化といえば，Google の進める Google ブックスがある。人類の知識の集積である図書が電子化され，検索できるのは便利であるが，一部にはこうした情報を一私企業が独占することに対する懸念も存在する[48]。

日本国内では，著作権の切れた著作物をボランティアベースで電子化して公開し，パソコンはもちろん，スマートフォンやタブレット PC などでも利用できるようにした青空文庫（https://www.aozora.gr.jp/）[49]が1997年に開設されている。その後，国立国会図書館も2000年の貴重書画像データベースの提供を皮切りに蔵書のデジタル化を推進し，国立国会図書館デジタルコレクション（http://dl.ndl.go.jp/）を公開している。2010年１月１日に施行された著作権法改正により[50]，1945年から1968年までに受け入れた所蔵資料などを対象とした大規模な電子化も進められている[51]。著作権の保護期間内の著作物はインターネット上で公開されず国立国会図書館内での閲覧に限られるが，このうち絶版等の理由で入手困難な資料は，「図書館向けデジタル化資料送信サービス」を通じて，公共図書館や大学図書館などの館内で利用できるようになった。

一方，国立公文書館でも所蔵文書のデジタルアーカイブ化が精力的に進められている。特に国立公文書館の一部門であるアジア歴史資料センター（https://www.jacar.go.jp/）は，明治維新から1945年までの大日本帝国政府と近隣諸国との関係を示す公文書約3,000万コマをインターネット上に公開しており，これは世界最大級のデジタルアーカイブとなっている。

海外でも，国立図書館を中心とした資料電子化の動きが盛んである。例えば，米国議会図書館が所蔵するアメリカ史資料（文字，音声，画像，動画，地図など）をデジタル化したアメリカンメモリー（American Memory）は著名な取

48：ジャンヌネー，ジャン‐ノエル；佐々木勉訳．Google との闘い：文化の多様性を守るために．岩波書店，2007，166p.

49：1971年に始まるプロジェクト・グーテンベルク（http://www.gutenberg.org/）がモデルとなっている。

50：国立国会図書館では原本の滅失，損傷，汚損を避けるために，著作権者の許諾を得ることなく，閲覧利用のための原本電子化が可能になった（第31条第２項）。

51：植村八潮．グーグル和解案の波及効果か，いま国会図書館で起こっていること．Journalism. no.231, 2009, p.70-71.

り組みである（https://memory.loc.gov/ammem/）[52]。ヨーロッパでは各国の国立図書館の取り組みのほか，国を超えた図書館や博物館，文書館が連携したプロジェクト Europeana（ヨーロピアーナ）（https://www.europeana.eu/）がある。

また，同様の活動として，ユネスコと米国議会図書館が中心となって設立した World Digital Library（http://www.wdl.org/），アメリカ国内の図書館，博物館，文書館などが参加する Digital Public Library of America（https://dp.la/），国立国会図書館サーチ（https://iss.ndl.go.jp/）やジャパンサーチ（https://jpsearch.go.jp/）なども挙げられる。このほか，アメリカの主要な大学図書館などが参加する Hathi Trust Digital Library（https://www.hathitrust.org/）は，各図書館がデジタル化した資料を保存，提供するリポジトリとして，2008年10月から運用されている。

（3）二次情報データベース

学術雑誌に掲載された論文を検索するためのツールとして，索引誌や抄録誌といった二次資料が早くから作成されてきた。1879年に創刊された索引誌 *Index Medicus*（医学）や1884年創刊の抄録誌 *Descriptive Index of Current Engineering Literature*（工学，後の *Engineering Index*）が最初期のものである。国内では，医学分野の抄録誌（後に索引誌）である『医学中央雑誌』が1903年に創刊されている。

これらの二次資料の多くは1970年代にはオンラインデータベースとして，1980年代には CD-ROM データベースとして検索できるようになる[53]。そして，1990年代後半には，主要なデータベースがウェブで提供され始めた。特に1997年には，世界最大規模のデータベース DIALOG（ダイアログ） Web[54]や科学技術振興事業団

52：現在は，Library of Congress Digital Collections（https://www.loc.gov/collections/）の一部となっている。

53：インターネットが発達する以前に，通信回線経由で検索可能なデータベースを特に「オンラインデータベース」と称した（1章参照）。その後，1980年代に記録メディアとして CD-ROM が利用可能になると，データベースが格納された CD-ROM を購入することにより検索ができるようになった。なおこの種の CD-ROM データベースは現在ではほとんどみられない。

54：2010年9月から ProQuest Dialog として提供されている。

（現・科学技術振興機構）の Enjoy JOIS[55]，nichigai/web サービス（日外アソシエーツ），特許情報を扱う PATOLIS-Web[56]などの商用データベースに加え，米国国立医学図書館が提供する MEDLINE のウェブ版である PubMed，国内の大学図書館の総合目録 NACSIS Webcat[57]が無料で公開された。

ウェブによるデータベース検索の特徴としては，①インターネットを利用するのでネットワーク利用料金が比較的安価である，②ブラウザさえあればどのデバイスでも検索できる，③一般利用者が使いやすい検索画面や検索方法を提供できる，④文字情報だけでなく画像や動画，音声情報を扱いやすい，といった点が挙げられる。

最近では，無料で利用できるデータベースもインターネット上に数多く存在する。国内に限っても，国立国会図書館オンライン，国立情報学研究所の Webcat Plus や CiNii Articles，科学技術振興機構の J-GLOBAL などが挙げられる。商用データベースのように高度な検索手法を用いることはできないが，図書館をはじめ，出版社やオンライン書店などが書誌情報をインターネット上に無料で公開しつつあるので，利用者は多様な情報資源を簡便に発見できるようになってきている。

有料であれ無料であれ，どのデータベースを用いるかは利用者の情報ニーズに依存する。しかし，利用者がいつでも最適なデータベースを選択できるとは限らない。そこで，これらのデータベースをまとめて検索できる「ディスカバリーサービス」を導入する図書館が，主として大学で増えてきている。このサービスは図書館 OPAC のデータも含められることから，冊子体，電子資料を問わず統合して一括検索できるのが特徴である[58]。加えて，その利用教育の推進も今後，取り組むべき必須の課題といえる。

55：2006年3月にサービスを終了し，J-Dream Ⅱに移行した。なお J-Dream Ⅱは2013年4月から J-Dream Ⅲとなり，ジー・サーチが提供している。

56：2014年3月にサービスを終了した。

57：2013年3月にサービスを終了した。後継サービスとして2011年11月から CiNii Books（https://ci.nii.ac.jp/books/）が公開されている。

58：異なるデータベースや検索システム，あるいは複数の情報源を，一括して検索することを「横断検索」「メタ検索」「統合検索」「協調検索」などと称することがある。

(4) オンライン配信されるニュースや音楽，動画

世の中の最新動向を知るうえで，ニュースは欠かすことのできない情報源である。インターネット上では，新聞社や通信社，テレビ局のウェブサイトのほか，Yahoo! Japan や Google といったポータルサイトでニュースを無料閲覧できる[59]。ポータルサイトでは，新聞社などから配信されるニュースを時系列，あるいは主題ごとに分類して掲載している。

新聞社のウェブサイトで提供されるニュースがすべて，新聞に掲載されているわけではなく，ウェブサイトでのみ配信されるニュースもある。また，過去のニュースは一定期間経過後には閲覧できなくなるので，注意しなければならない。

インターネットの高速化，モバイルデバイスの高機能化によって，音楽や動画配信サービスも普及してきた。音楽や動画のオンライン配信には，利用者が視聴したいと思ったときにウェブサイトにアクセスするオンデマンド方式と，パソコンなどにダウンロードして視聴する方法の二つがある。前者は視聴する都度コンテンツが配信サーバから送られてくる方法が一般的で，ストリーミングと呼ばれる。ダウンロードの場合，無制限で視聴できるものと，一定期間のみ視聴が可能なものと2種類の方式がある。このほか，テレビやラジオ放送のようにリアルタイムでコンテンツを配信するものもある。図書館向けのサービスとしては，例えばナクソス・ミュージック・ライブラリーが提供する音楽配信サービスがあり，CD や図書と同様，期限付きでの貸出（利用権限の付与）ができる。

ところで，インターネット上には多様な音声や動画コンテンツが公開されており，これらも図書館サービスの範疇に入れる必要があるだろう（1章1節参照）。例えば，テレビ局や新聞社のウェブサイトでは，ニュース番組の動画を無料で公開するところも少なくない。また，電子政府の推進施策によって，国会や政府，地方公共団体でも積極的に動画を配信している[60]。大学でも広報ビ

59：電子版新聞の有料配信開始に伴い，ウェブサイトでの無料閲覧を止めたり，一部に留めたりする新聞社も増えている。

デオのほか，講義のようすを配信する取り組みがみられる。このほか，YouTubeやニコニコ動画といった動画共有サイトでは，一般の利用者をはじめ，企業や大学，地方公共団体などの組織がさまざまな動画を公開している。

(5) 情報資源としてのウェブ情報

玉石混交といわれるウェブ情報であるが，信頼できるウェブサイトも数多く存在する。例えば，政府は電子政府の推進を施策の一つとして掲げ，白書や年次報告書，統計データをはじめとして，数多くの行政情報をウェブで提供している。上でも述べた電子政府の総合窓口 e-Gov（http://www.e-gov.go.jp/）は，こうした情報へのアクセスを容易にするポータルサイトの一つである。また，地方公共団体も，その進展速度に濃淡はあるものの，ウェブサイトを通じた情報提供に取り組んでいる。

大学などの学術研究機関のウェブサイトもまた，信頼度の高い情報源の一つである。「電子ジャーナル」の項でも触れたが，最近では学術論文などの研究成果をだれもが無料で利用できるようにするオープンアクセスが盛んになっており，研究成果を公開する機関リポジトリも普及してきた。

信頼できるウェブサイトは公的機関に限らない。例えば，朝日新聞社が提供するコトバンク（https://kotobank.jp/）は，小学館や講談社，三省堂などが発行する辞典，小学館の『日本大百科全書』，平凡社の『世界大百科事典』第２版，ブリタニカ・ジャパンの『ブリタニカ国際大百科事典小項目事典』といった百科事典を検索できる。また，ポータルサイトの Yahoo! Japan のメニューの一つである Yahoo! ファイナンスの企業情報は，東洋経済新報社の『会社四季報』を基にしている。有形出版物に基づくウェブ情報は，伝統的な図書館資料の延長に位置するものであり，重要な情報源といえる。

もちろん，有形出版物を電子化したウェブ情報のみが有用であるというので

60：都道府県91.5%，市区町村の66.2%がホームページで映像を配信している（出典：総務省自治行政局地域情報政策室．“地方自治情報管理概要：電子自治体の推進状況（平成30年度）”．総務省，2019，p.11，http://www.soumu.go.jp/main_content/000610588.pdf，(参照2019-07-20).）。

はない。ウェブでのみ発信される情報も数多く存在する今日においては，伝統的な図書館資料では入手できなかった情報にアクセスできる機会も格段に増加している。多種多様なウェブ情報の中から，利用者に有用な情報を選択，提供することは，「ユネスコ公共図書館宣言」にて示された情報センターを目指す図書館にとって重要なサービスになってきているといえる。こうした信頼でき，かつ市民生活に役立つウェブサイトを選択し，リンク集として自館のウェブサイトに掲載するといった取り組みも必要である。

では，ネットワーク情報資源を図書館サービスに活用するためには，どのような点に留意すればよいだろうか。1章でも述べたように，ネットワーク情報資源は有形出版物とは異なり，所有するものではなく，利用の都度，ウェブサイトにアクセスするという利用形態をとる。また，そこで利用できる情報は固定されているとは限らず，新しい情報によって置き換わったり，場合によってはウェブサイトそのものがなくなったりする可能性もある。したがって，ウェブサイトの作成者や発信者の信頼度，内容の正確さはもちろんのこと，永続性やコンテンツの蓄積性，最新情報への更新状況といった点も重要な観点といえるだろう。同時に，図書館が主体となってネットワーク情報資源を管理，保存する活動に対して積極的に関与する姿勢も求められる。

3．政府刊行物と地域資料

（1）政府刊行物

a．政府刊行物とはなにか

政府刊行物（government publications）とは，国の諸機関によって刊行された出版物の総称である[61]。この言葉が登場したのは第二次世界大戦後であるが，特に普及をみたのは，1956(昭和31)年の閣議了解「政府刊行物の普及の強化について」以降のことである[62]。

61：この名称とは別に「官庁刊行物」の語も古くからあり，現在でも使われている。特に，地方公共団体の諸機関の出版物も含める場合は「官公庁刊行物」と呼ばれる。

ところで，わが国では，「政府」といえば，内閣あるいは内閣の統轄する行政機関を意味することが多く，行政府を，立法・司法の機関と区別して呼ぶ場合に使われる。しかし，広義の政府は，立法・司法・行政を営む一国の統治機構全体を総称するものであり，欧米ではこの意味に用いられるのが普通である。「政府刊行物」という場合には，この広い意味で使われる。したがって，国の諸機関には，次に示す立法・司法・行政すべての部門の機関が含まれることになる。

①国会（衆・参両議院），国立国会図書館。

②最高裁判所，下級裁判所。

③行政機関……内閣府および内閣の統轄する各省，外局（庁，委員会），これらの付属機関，各種諮問機関（審議会など），地方出先機関，人事院，会計検査院（内閣に対し独立した地位を有する憲法上の機関）など。

④政府関係機関，特殊法人，独立行政法人，特殊会社等……国策上必要な公共性の高い事業を，運営の弾力性や効率性などの観点から，国の行政機関とは別組織をつくり経営に当たらせるもの。名称としては，公庫，事業団，機構，株式会社などがあるが，いずれも，法律に基づき設置され，主務官庁の監督を受ける。国の代行機関的性格からみて，これらも，国の機関に入れて考える。経費については，全額政府出資のものから，民間企業と同じく国による経費調達の保証がないものまでさまざまである。

これら国の機関と政府刊行物との関係については，国の機関が著作者，編者の場合はもちろんだが，他の機関が著作者，編者でも，国の機関が監修者や発行者であれば，政府刊行物といえる。また，外郭団体[63]の単独編集，発行でも，国の機関の委託による場合など，その著作物に対する国の責任が明らかなものは，広く政府刊行物に含めるべきである。要するに，政府刊行物とは，「国の機関が著作者，編者，監修者あるいは発行者となるなど，国がその著作物に対

62：黒木努．政府刊行物概説．帝国地方行政学会．1972，p.17．この閣議了解に基づき，当時の総理府内に「政府刊行物普及協議会」が設けられた。

63：官庁から補助金等を受け，その官庁の活動を助けるために，調査，出版，啓蒙宣伝等の活動を行う団体。大蔵財務協会，農林統計協会など多くの団体が存在する。

し，直接なんらかの責任をもつことが明確であるもの」ということができる。

b．政府刊行物の種類と意義

今日，国家機関の活動はきわめて広範囲に及んでおり，国の機関が記録，報告，広報などを目的に刊行する政府刊行物は，次に示すように多岐にわたっている。

①議会関係資料……ⓘ国会会議録（本会議録，委員会議録），ⓘⓘ法令，ⓘⓘⓘ条約，ⓘⓥ請願・陳情資料，ⓥ委員会などの参考資料。

②司法関係資料……ⓘ裁判記録（判決録，判例集），ⓘⓘ司法調査資料，ⓘⓘⓘ司法研究報告。

③行政関係資料……ⓘ行政報告（白書，年次報告，事業報告，業務年報など），ⓘⓘ統計報告（統計法に基づく基幹統計（旧：指定統計），行政執行上収集した数値をまとめた業務統計，各種の統計調査を加工した加工統計など），ⓘⓘⓘ調査研究報告（各省庁および付属試験研究機関が実施する各種実態調査，民間団体が各省庁の委託によって行う調査研究など），ⓘⓥ公示記録（官報，産業財産権公報），ⓥ審議会答申・研究会報告（審議会や大臣等の私的諮問機関である懇談会，研究会などの資料），ⓥⓘ広報資料（広報誌・紙，情報誌から一般教養書まで），ⓥⓘⓘ行政要覧（人事・組織要覧，法令集，執務資料など），ⓥⓘⓘⓘ解説・手引書（法律詳解，各種ガイドブック，研修テキストなど），ⓘⓧ二次資料（書誌類）。

こうした政府刊行物の意義としては，次の３点を挙げることができる。

①国の政治，経済，社会の実態を映す鏡として，あるいはそれを知る手がかりとしての意義……民主主義社会では，国民は国の施策や活動の実態を知り，それを監視する義務と権利をもっている。一方，国はその施策や活動について国民に知らせる義務を負っている。政府刊行物は，民主主義社会を支える“informed citizen”[64]の形成に，不可欠の情報資源となっている。

②学術資料としての意義……特に，行政機関が多額の費用と組織力を背景として作成する各種統計資料（官庁統計）は，政治，経済，社会の実情を知るた

64：『ユネスコ公共図書館宣言1994』中の言葉。国の施策や活動などについて，その判断材料となる情報を十分にもっている国民という意味。

めの一次データとして，高い資料価値をもっている。これらは，各種会議録や業務報告類とともに蓄積され，重要な歴史資料ともなっている。

③レファレンスツールとしての意義……政府刊行物には，統計資料や白書など各種情報資源として有効なものが多い。

c．政府刊行物の流通と収集の問題

本来，国の刊行物は，国がそのすべてを，図書館など公開に適した機関に積極的に頒布し，国民の自由な利用に供すべき性質のものである。この意味で，米国の寄託（きたく）図書館（depository library）制度[65]は，一つの理想であるといってよい。わが国にも，これと似た制度として，次に示す「図書館法」第９条による官公庁刊行物の公共図書館への頒布規定がある[66]。

> 政府は，都道府県の設置する図書館に対し，官報その他一般公衆に対する広報の用に供せられる独立行政法人国立印刷局の刊行物を二部提供するものとする。
>
> 2　国及び地方公共団体の機関は，公立図書館の求めに応じ，これに対して，それぞれの発行する刊行物その他の資料を無償で提供することができる。

しかし，この規定は現在でも十分には活用されていない。また，政府刊行物がすべて国立印刷局で印刷発行されるわけでもなく[67]，無償または実費で関係機関や一部関係者に配布されるものや，部内資料扱いとされるものも多く，刊行情報が捕らえにくい灰色文献の性格をもっている。

このため，国も，政府刊行物の普及のため，1956(昭和31)年の閣議了解以降，大蔵省印刷局（現・国立印刷局）直営の販売機関である政府刊行物サービスセンター[68]や民営の政府刊行物サービスステーション（官報販売所，ほぼ各県１

65：米国では，いわゆる政府刊行物の公開利用のため，連邦政府および各州による出版物はすべて，指定された図書館に無料で送付されるべきことが定められている。（日本図書館情報学会編．図書館情報学用語辞典．第４版．丸善，2013）

66：この他，「地方自治法」第100条は，政府刊行物の地方議会への送付と，議会図書室の設置を義務づけ，図書室の一般利用を認めている。

67：1956(昭和31)年の閣議了解では，“政府刊行物の印刷発行については，各省庁は大蔵省印刷局（現・国立印刷局）を活用するものとする”とされたが，発行機関の一元化は現在も実現してはいない。

68：東京（２カ所），大阪，名古屋，福岡，札幌，広島，仙台，金沢，沖縄の10カ所。ただし，独立行政法人国立印刷局の業務合理化に伴い，2013(平成25)年３月末で全店閉店となった。業務は官報販売所に引き継がれている。

カ所)，さらには，政府刊行物の常備寄託書店の整備などを行った。しかし，政府刊行物を含む国が保有する情報へのアクセス問題が本格的に改善に向かうのは，1999(平成11)年の「情報公開法」[69]と，2000(平成12)年の「IT 基本法」[70]の成立以降のことである。これを受けて，2004(平成16)年には，「行政情報の電子的提供に関する基本的考え方（指針)」がまとめられた[71]。現在では，各府省のホームページ上で共通のカテゴリーを設けて情報提供が行われるとともに(2-2表参照)[72]，総合的な検索・案内機能をもった「電子政府の総合窓口イーガブ（e-Gov)」も整備されるなど，国民がこれらの情報にアクセスしやすくするための環境整備が行われている。

図書館としては，こうしたポータルサイトへのリンクを自館のウェブサイトに張ることにより，利用者に提供することが大切である。しかし，こうして得られる行政情報以外にも，多くの政府刊行物があり，印刷物での収集・蓄積も重要である。したがって，刊行情報の迅速な把握に努めるとともに，市販されないものについては，刊行の都度，その発行機関に送付を直接依頼したり，普段から国の諸機関の刊行物頒布対象機関に加えてもらうなど，入手のためのアプローチが必要である。なお，政府刊行物に関する情報源については，3章2節を参照のこと。

(2) 地域資料（郷土資料，地方行政資料)

a．地域資料重視のあゆみ

地方自治団体によって設置される公立図書館にとって，そのサービス対象地域に関連するさまざまな資料を収集し，提供することは，サービスの重要な柱である。これら地域関連資料は，住民がその地域の歴史や現状を知り，地域の諸問題を考えるうえで欠かせない情報資源である。

69：正式名称は「行政機関の保有する情報の公開に関する法律」。

70：正式名称は「高度情報通信ネットワーク社会形成基本法」。

71：その後この指針は，「Web サイト等による行政情報の提供・利用促進に関する基本的指針」(2015年）に置き換わっている。

72：http://www.kantei.go.jp/jp/singi/it2/cio/dai61/honbun2.pdf（参照2019-06-10).
なお，2-2表はこの文書中の p.9に掲載されている。

2-2表　各府省の Web サイト上に共通のカテゴリーを設け提供する情報

区　分	共通のカテゴリー	提　供　内　容
行政組織，制度等に関する基礎的な情報	組織・制度の概要（※）	○　内部部局，審議会等，施設等機関，特別の機関及び地方支分部局の内部組織，任務，担当する主要な事務又は事業 ○　所在案内図（電話番号を含む）
		○　所管行政の概要 ○　幹部職員名簿 ○　可能な限り課等の単位までの電話番号・ファクシミリ番号，メールアドレス（メールフォームによる場合を含む。）
	所管の法人	○　所管法人及び国立大学法人等（可能な限り「組織・制度の概要」に準じた情報），特別の法律により設立される民間法人に関する情報
	所管の法令，告示・通達等	○　所管法令の一覧及び全文 ○　所管の告示・通達（法令等の解釈，運用の指針等に関するもの）その他国民生活や企業活動に関連する通知等（行政機関相互に取り交わす文書を含む。）の一覧及び全文 ○　新規に制定された法令の全文，概要その他分かりやすい資料 ○　改正された法令の全文，改正の概要その他分かりやすい資料
	国会提出法案	○　国会に提出した法律案の全文，概要その他分かりやすい資料
行政活動の現状等に関する情報	審議会，研究会等	○　答申・報告書等の全文及び要旨 ○　審議録の要旨又は全文 ○　関係資料の全部又は抜粋
	統計調査結果	○　統計資料その他の公表資料
	白書，年次報告書等	○　白書等の全文及び要旨
	パブリック・コメント（※）	○　行政手続法に基づく掲載
	法令適用事前確認手続	○　行政機関による法令適用事前確認手続の導入について（平成13年３月27日閣議決定。平成19年６月22日最終改正）に基づく掲載
	申請・届出等の手続案内（※）	○　手続案内 ○　様式，記入方法及び記入例 ○　審査基準，標準処理期間等
	調達情報	○　各種調達に係る案内（意見招請，資料提供招請，一般競争入札の入札公告） ○　個々の調達に係る情報（仕様書等） ○　入札の結果等の情報（落札者名，結果等）等
予算及び決算に関する情報	予算及び決算の概要	－
評価等に関する情報	評価結果等	○　政策評価の結果等
各区分に共通する情報	大臣等記者会見	○　大臣等記者会見の概要
	報道発表資料	－
	情報公開	○　情報公開の手続・窓口案内情報

（注１）各府省の Web サイトにおける具体的な掲載の方法については，Web サイトガイドによるものとする。
（注２）本カテゴリーによりがたい場合，適宜変更等は可能とするが，e-Gov においては，これを基本としてカテゴリー別案内を行う。なお，上表中の※印を付した情報は，e-Gov において政府全体として一元的・体系的に提供する。
（注３）掲載期間は，特段の別途の定めがない場合は，公表後３年間を基本とする。

ところで，わが国の公共図書館が地域関連資料の収集に意識的に目を向けるようになったのは，明治43(1910)年の文部省訓令「図書館設立ニ関スル注意事項」の中で，“其ノ所在地方ニ関スル図書記録類並其ノ地方士ノ著述ヲ蒐集スルコト最肝要ナリトス”と述べられたのがきっかけであったといわれる[73]。以来，これら地域関連資料は「郷土資料」と呼ばれ，多くの図書館で収集が図られることになるが，その収集内容は，古文書類を含む歴史・地誌関係の資料，つまり郷土史（誌）関係に傾きがちであった。こうした資料の収集実態には，後に“現在の市民生活に直接結びついた，市民生活に有用な資料”[74]という観点からの批判もなされるようになった。

郷土史料主体の郷土資料からの脱却を意図して，1950年に成立した図書館法では，“郷土資料，地方行政資料……の収集にも十分留意して，……必要な資料を収集し，一般公衆の利用に供すること”として，郷土資料とは別に，まったく新しい「地方行政資料」という用語を登場させた（第３条：図書館奉仕）。こうして，「図書館法」は，歴史資料に片寄ることなく現在の地域を知るための資料，なかでも地方行政に関する資料を特に重視する姿勢を打ち出したのであった。

また，公立の公共図書館に各自治体の公文書館的な機能を付与したこともあった。それは，第二次世界大戦後の新しい地方自治制度を支える公共図書館という意味でも，とりわけ重要な図書館サービスと考えられるものであった。

しかし，こうした図書館法の規定にもかかわらず，郷土史（誌）偏重の傾向は戦後も長く続き，1963年のいわゆる『中小レポート』でも，なお，次のような指摘がなされる状況であった。

> 郷土資料と言えば，古記録や近世資料のみを指すような考え方が強い。もちろんこれらの資料も重要であるが，趣味的，好事家（こうずか）的な感覚では，これらの資料もアクセサリーの域を出ない。殆んど利用されない虫食い本の収集に力をいれていて，市の予算書もなく，市の公報もない図書館では，図書館そのものがアクセサリーになってしまうであろう[75]。

73：黒木努．図書館資料としての地方行政資料．図書館界．1975，vol.27，no.2，p.44.
74：日本図書館協会．中小都市における公共図書館の運営：中小公共図書館運営基準委員会報告（通称：中小レポート）．1963，p.137.

地方行政資料をはじめ，現在の市民生活に深い関係をもつ今日的資料を，郷土資料の中核に据えるべきだとの共通認識が形成され，各地でさまざまな試みがみられるようになるのは，ようやく1970年代以降のことである。それは，わが国の公共図書館が，真の意味での「市民の図書館」の実現をめざして活発な活動を展開するようになったことや，行政とのかかわりを伴う情報公開を求める運動の高揚など，一般市民の地方行政への関心が著しい高まりをみせるようになったことなど，社会状況の変化と密接な関係をもつものであった。

なお，現在では，郷土史的イメージの残る「郷土資料」に替えて，「地域資料」あるいは地名を冠した「○○資料」の名で呼ぶ図書館も多くなっている[76]。

b．地域の範囲と地域資料の種類

郷土とは「生まれ育った土地，ふるさと，故郷」を意味するもので，明確な地理的範囲を示す言葉ではない。そのため，図書館での収集にあたっては，各館の置かれた地域の実状に応じて，地域資料（郷土資料）の範囲を定めなければならない。一般には，設置者である地方公共団体の現行行政区域を中心とし，それに歴史的関連をもつ地域（すなわち，近世以前の区域や明治初期における行政区域の変遷を考慮する），および生活，文化，経済などの面で密接なかかわりをもつ近隣地域を，適宜，その範囲に加えて考えることになる。

地域資料（郷土資料）の種類としては，以下のようなものが挙げられる。

⑴　地方行政資料

狭義には，地方公共団体の諸機関（議会や行政機関など）によって作成された地方行政に関する資料を指すが，広義には，当該地域に特に関連の深い政府刊行物や，住民からの請願書，要望書，さらには住民運動のビラの類などをも含んだ，地方行政に関する公私一切の資料を指す。

このうち，地方公共団体で作成される資料には，地方議会の会議録，例規集，

75：注74と同じ。
76：東京情報（東京都立），かながわ資料室（神奈川県立），大阪資料（大阪府立中之島），北方資料室（北海道立：北海道と旧樺太，千島列島関連資料），瀬戸内海資料（広島県立）など。

予算・決算書，各種計画書，行政報告，調査・統計報告，公報，県（市）勢要覧などがある。こうした行政資料も，国の行政情報が各府省のウェブサイトで提供されるのと同様に，各地方公共団体のウェブサイトで公開されるものが多くなっている。しかし，印刷資料としては，公刊されるものもあるが，部内資料として必要部数しか作成されない非公刊資料も多いため，収集には，絶えず役所内各部局と接触を図り，刊行情報を迅速に把握しなければならない。

特に公文書については，現用文書としての保存年限を満了し，歴史公文書（非現用文書）として公開可能な文書を迅速に把握して寄贈・移管依頼を行うなど，図書館側からの積極的な働きかけが必要である。理想としては，条例で，これら行政関係資料の図書館への「移管」を義務づけることである。なお，地方行政の記録・文書である非現用の公文書に関しては，本来，文書館が扱うべきものであるが，地方自治体の公文書館が未設置の場合には，公立の公共図書館に管理責任がある。また，地方行政資料については，地方議会図書館（資料室）との関係への配慮が欠かせない。

(2) 地域に関して書かれたもの

ⓘ地域がかかえる諸問題を扱ったもの，ⓘⓘ歴史，地誌を扱ったもの（古記録，古文書，近世資料などは，文書館が存在する場合には，公文書とともに，その扱いを委ねることが望ましい），ⓘⓘⓘ自然，産業，風俗，文化などを扱ったもの，ⓘⓥ地域とかかわりの深い人物を扱ったもの（伝記など），ⓥ地域を題材とする作品。

(3) 地域内で刊行されたもの

ⓘローカル新聞，ミニコミ誌（紙），同人誌，ⓘⓘ地域内の団体，企業などの刊行物（要覧，社史，社内報など），ⓘⓘⓘ地方出版社の出版物（特に，その地域に関連する内容のもの）。

(4) 地域にかかわりの深い人物の著作物

出身者，在住者，あるいはその土地で活躍したり，地域に影響を与えた人物が対象となるが，地域と関係のない内容のものをどこまで収集対象とするかは問題のあるところである。

(5)　自館作成の地域資料

すでに資料化された記録物を受動的に収集するだけでなく，変貌する地域の風景や地域に残る民話や方言，郷土芸能などを，写真や録音，録画などで採録し，図書館自らが地域資料の作成を行うことも大切である。また，地域の歴史や伝承文化等を，地域在住者から積極的にオーラル・ヒストリーの手法等で記録化し，コレクションに加える必要もある。その際，市民ボランティアや地域に関わる研究会やサークルなどとの協働した収集体制づくりが有効である[77]。こうした活動は，図書館が地域文化創造における中心的な役割を果たしていくうえでも大きな意義がある。

現在では，この種の自館作成資料に加え，所蔵する地域資料の中から，絵図や絵葉書，浮世絵，活字資料などをデジタル化して発信するデジタルアーカイブの構築が盛んに行われている[78]。このほか，郷土史関係の未刊の稿本を図書館が翻刻（ほんこく）する（例えば，写本や版本を活版で刊行する）出版活動の意義も大きい[79]。

4．人文・社会・自然科学，および生活分野の情報資源と特性

（1）学術情報の生産・流通と情報資源の特性

一般に，学問分野は人文学（または人文科学；humanities），社会科学（social sciences），自然科学（natural sciences）の三つに大別される。特に，近年では，学際的（interdisciplinary）な研究が増加し，必ずしも，それぞれの研究がこの三区分に排他的に位置づけられるとは限らないが，学問分野の特徴

77：東京都調布市立図書館の「市民の手による，まちの資料情報館　伝えたい〜まち・ひと・お話〜」や岡山県立図書館の「デジタル岡山大百科　郷土情報ネットワーク」などの例がある。後者では，岡山に関する郷土情報を県民から幅広く募集しており，応募者が情報のデジタル化作業を行うためのメディア工房も用意している。

78：東京都立図書館の「都市・東京の記憶」「江戸・東京デジタルミュージアム」，横浜市立図書館の「都市横浜の記憶」，高知県立図書館の「デジタルギャラリー」など，多くの事例がある。

79：高知県立図書館，高知市民図書館などの例がある。

や性質を考えるうえでは，人文・社会・自然科学という分類は依然として有用である[80]。

これらの分野において，研究者が自らの研究成果を公表する際の典型的な手順は以下のとおりである。

①学会等が開催する学術的な会議（conference）にて，口頭発表（oral presentation）またはポスター発表（poster presentation）を行う。

②発表内容を論文としてまとめ，学術誌（学会誌や紀要など）に掲載する。

③複数の論文の内容をまとめて，学術書（モノグラフ）として出版する。あるいは，他の研究者の成果も取り込んで，解説書または教科書（textbook）として出版する。

ただし，これはあくまで典型にすぎず，実際には，人文・社会・自然科学の各分野の性質に依存して，さまざまなパターンがみられる。

特に，自然科学の分野では，①の会議での発表は欠かせない。これは，研究テーマが研究者間で共通する程度が高いため，自分の研究成果の独創性（originality）をいち早く周知し，先取権（priority）を確保しなければならないことに起因している。また，研究成果に対する意見・評価を直ちに聞くことができるという点でも，会議での発表は重要な意味をもっている[81]。もちろん，人文・社会科学分野においても，同様な傾向をもつ領域があり，こうした手順がとられる場合には，会議における予稿（あるいはプレプリント，preprint）や会議録（proceedings）などの会議資料が重要な情報資源となる。かつては，この種の資料は通常，会議に参加しなければ手に入らず，灰色文献の典型として挙げられていたが，最近ではインターネット上で公開される場合も多く，入手し

80：自然科学の領域には「技術」が深く入り込んでおり，「自然科学・技術」の呼称を用いる場合もある。分野区分に関しては，日本学術会議では「人文社会科学，生命科学，理学・工学」の三区分法を採用するなど，例外も多い。

81：学術誌や学術書のような媒体を通じて知識を伝達することをフォーマルコミュニケーション（formal communication），会議等に参加した際の非公式な対話を通じた伝達をインフォーマルコミュニケーション（informal communication）と呼んで区別することがある。学術情報伝達におけるインフォーマルコミュニケーションの重要性については，しばしば指摘されているところである。

やすくなっている。

もちろん，特定テーマの学術的な会議が毎週のように開催されるわけではないので，定期的な公表に限定されるという点では，学術誌と同様である。しかし，査読制を導入している学術誌では，投稿された論文の審査に時間がかかるため，一般的には，会議での公表の方が，速報性が高い。とはいえ，査読者（referee）の評価が伴うことによって，査読付きの論文の品質は高くなるため（質の低い論文は掲載されない），この種の雑誌に研究成果を公表することは研究者の実績としてたいへん重要である（会議でも査読制が採用されることがある点に注意）。

ただし，会議での発表を経由せずに，直接，雑誌論文として刊行することもあれば，査読制のない学術誌に論文を掲載する場合もある（査読制をもつ学術誌が存在しない研究領域もある）。一般的には，自然科学よりも，人文・社会科学においてその傾向は強く，この際には，大学や研究所等の研究機関が発行する紀要が重要な媒体となっている。

学術誌に掲載される論文と図書の形式的な相違はその長さである。程度の差はあるが，1冊の図書のページ数はかなり多く，その分量に見合うだけの研究成果を上げるには通常，長い時間を要する。そのため，先取権確保のためにも，公表可能な結果を得た時点で逐次的に雑誌論文として公表しておき，何年か後に，その蓄積を学術書として集大成するのが一つの理想的なパターンである。しかし，人文・社会科学分野では，論文での公表を経ずに，独創的な研究成果が，直接，学術書として刊行されることも多い。それに対して，自然科学分野では，学術的な情報資源としての図書の役割は相対的には低く，解説書や教科書等に限定されるのが通常である。

（2）自然科学分野の情報資源の特徴

ある数学的な定理の証明を新たに発見した場合などに，会議の開催を待たずに，他の研究者に手紙で知らせたり，予稿を配布したりすることは歴史的に行われてきた。自然科学分野では，それほどまでに先取権の確保が重要であり，そのための速報誌（例えば，*Physical Review Letters* など）も刊行されている[82]。さらに，インターネットの発達以降は，PDF ファイル等で予稿や報告書（report）を自分のホームページに掲載する，あるいは，学術論文の刊行前原稿（予稿）を，その流通・蓄積を目的として開設されているイープリントアーカイブ（e-print archive）に投稿して自由なアクセスを可能とするなど，別の方法も使われるようになっている[83]。

本来，何らかの公的な組織が発行する科学技術関連の報告書はテクニカルレポート（technical report）と呼ばれ，自然科学分野では重要な情報資源であった[84]。最近では，大学や研究機関が独自に発行するテクニカルレポートも，インターネットを通じての公開が容易になっている。これらのテクニカルレポートは，通常，査読を経てはいないが，速報性があり，形式的には分量やレイアウトの制限が比較的緩やかで，この点では貴重な情報資源として機能している。

そのほか，自然科学分野で重要な役割を果たす情報資源としては，科学技術関連の特許資料（patent）や規格資料（standard），非刊行物としての研究ノート，さらにはレビュー誌などが挙げられる。ここでレビュー誌とは，ある特定の研究テーマに関して，特定期間の文献を網羅的に掲げ，その内容を整理したレビュー（展望論文ともいう，review）を掲載した学術誌である[85]。このレビューを読むことによって，短時間に研究動向を把握することができ，さらには，レビューの刊行を通じてそのテーマに関する知識や技術の体系化が促進される。なお，レビューは，一般の学術誌にも掲載されることがある。

82：研究の新発見部分や結論だけを短くまとめて，とりあえず報告するものがレターであり，レターだけを収録して刊行する速報誌がレター誌である。*Physical Review Letters* は，最も権威のある物理学専門誌とされるアメリカ物理学会の *Physical Review* 誌から派生したレター誌である。

83：物理学や数学の分野を中心に発達した arXiv.org がその典型例である。1991年に，アメリカのロスアラモス国立研究所のギンスパーグ（Paul H. Ginsparg）によって始められたもので，現在はコーネル大学に移されている。詳細は次の文献を参照。倉田敬子．学術情報流通とオープンアクセス．勁草書房，2007．196p.

84：詳細は次の文献を参照。戸田光昭編．専門資料論．樹村房，1998．p.138-141.

85：例えば，情報学（information science）のレビュー誌として Annual Review of Information Science and Technology（ARIST）がある。

電子ジャーナル（またはオンラインジャーナル）が普及している点も自然科学分野の特徴である。この場合，大学の研究室などから，インターネットで図書館のサーバを経由し，提供機関（出版社やアグリゲータ）のサーバに置かれたPDFファイルをダウンロードするかたちで，雑誌論文を閲覧・印刷することができる。

本章2節で述べたように，電子ジャーナルはオープンアクセス（無料でアクセス可能）の方向に動いている。一方，有料の場合には，図書館等のサーバをいったん経由する，あるいは，何らかの認証情報（IDとパスワード）を入力する，クレジットカードなどによる支払情報を登録する[86]などの処置が必要になる。それに対して，オープンアクセスではそのような障壁がなく，より幅広い学術情報の流通が可能となる。

電子ジャーナルの提供における技術的問題の一つは，それを提供するウェブページのアドレス（URL）が変更された際に，そこにアクセスしようとすると「ページが見つからない」ことである（いわゆるリンク切れ）。この問題に対処するため，DOI（Document Object Identifier）の仕組みが構築されている。例えば，ある論文にDOIが

DOI:10.1177/0165551509103599

のように付与されていたとする。利用者がそれをサーチエンジンで検索すると，DOIのデータベースが参照され，その時点での正しいURLに自動的に置換される。その結果，論文の全文に到達できる（「https://doi.org/」をDOIの前に付ければそこに直接飛ぶこともできる）。URLが変更されたときには，DOIのデータベースを更新すれば，リンク切れすることなく，論文にアクセスできるわけである。また，論文だけでなく，その著者にも国際的なIDを与えて，学術情報の流通を促進しようとする試みがある。その一つがORCID（オーキッド）（Open Researcher and Contributor ID）である[87]。

また，論文だけではなく，その執筆に使用されたデータ自体をインターネット上で公開することも，最近の自然科学分野での動向の一つである。インター

86：これはペイ・パー・ビュー（pay-per-view）としての論文の購読である。
87：https://orcid.org/ を参照。

ネット普及以前には，この種のデータや参考情報を付録（appendix）として論文の末尾に付けていたが，当然，その分量や形式には制限がある。それに対して，インターネットにはその種の制限はなく，それらにアクセスするための方法を論文に記載しておけば，より多くの情報を読者へ届けることができる。データの再利用は，研究成果の第三者による確認やさらに優れた理論・モデルの構築に道を拓くものであり，この点でも科学的な意義は大きい。そのため，最近では，データ自体を収めたデータジャーナル（data journal）も刊行されるようになっている[88]。これは新しいタイプの図書館資料である。

（3）人文・社会科学分野の情報資源の特徴

一般的な傾向としては，人文・社会科学の分野では，自然科学・技術分野と比べて，研究成果の迅速な公表が求められる度合いは相対的に低い。特に，人文学には，速度と効率を最優先とする市場原理には還元できない価値が存在するともいわれている[89]。また，例外はあるものの，研究テーマが競合する程度は自然科学分野に比べれば高くはない。これらの性質によって，人文・社会科学分野では，上で述べたように，紀要や独創的な学術書が重視されるなど，特徴的な情報資源がやや異なってくる。

また，自然科学・技術の分野では，実験や技術開発，あるいは自然の事象に対する調査を通じて研究が進められるのに対して，人文・社会科学は，図書や記録などの情報資源そのものが研究対象あるいはデータとなりうるという特徴をもつ。例えば，文学研究では作品原典が，歴史研究では古文書や各種の記録類が研究の対象となっている。また，美学研究では，絵画やポスター，図録等が直接的な研究対象であり，法学・政治学の分野では，日本をはじめ各国の法規類や裁判記録，判例，議会議事録，行政文書などは必須の研究資料である。さらには，社会科学においては，国勢調査をはじめとする各種の政府統計や行

88：詳細については以下の文献を参照。南山泰之．データジャーナル：研究データ管理の新たな試み．カレントアウェアネス．2015，no.325．

89：野家啓一．人文学は何の役に立つのか：「スローサイエンス」の可能性．学士会会報．2005，no.854，p.53-58．

政資料，その他の民間統計，報告書などが，重要な研究データとして機能している。

大学図書館をはじめとする研究図書館においては，人文・社会科学分野の情報資源をこのような観点から捉え，その提供を進めていく姿勢が大切である。この点では，公共図書館もまた，郷土史研究や地域研究の拠点としての機能を果たせるよう，関連する資料・情報の収集，提供を図らなければならない。

（4）生活分野の情報資源と特性

図書館法第2条に“……その教養，調査研究，レクリエーション等に資することを目的とする……”と述べられているように，公共図書館が提供する資料や情報は，教養・学術的なものだけに限らない。また，2006年3月に公表され，国の公共図書館施策の拠り所ともなっている『これからの図書館像』では，これからの図書館サービスに求められる新たな視点の一つとして，課題解決支援機能の充実が挙げられている。具体的には，それらはビジネス支援や学校教育支援，子育て支援であり，さらには，医療や健康，福祉，法務，地域関連情報の提供など，地域の課題や住民の日常生活上での問題を解決するために必要な資料や情報の的確な提供を図っていく必要がある。

このように，公共図書館は，娯楽やレクリエーションを含む，地域住民の生活に役立つさまざまな情報資源を，そのニーズに合わせて提供していくことが期待されている。もちろん，「教養・学術」と「生活・娯楽」の明確な線引きは難しく，むしろその境界は状況に依存して決まると考えられ，その意味でも，利用者のもつ情報ニーズの的確な把握が重要となる。

生活に必要な情報の入手という点では，まず，一般的な新聞や雑誌が重要な情報資源となる。雑誌には娯楽的な要素をもったものも多く（本章1節および4章3節参照），この種の雑誌は公共図書館における重要な情報資源となっている。図書に関しても，実用書や入門書をはじめ，生活課題の解決に資する情報資源は数多い。

さらに，課題解決支援機能の充実のためには，市販の図書や雑誌，新聞だけでなく，以下のような各種の情報資源の提供が欠かせない。

- パンフレットやチラシ，新聞記事の切り抜き等も含めた，地域資料や行政資料
- 課題テーマに関連する検索用データベース
- インターネットを通してアクセス可能なネットワーク情報資源へのリンク
- 課題テーマ別に作成されたブックリストやパスファインダー（特定の主題に関する情報資源やその探索方法を解説したもの）

また，公共図書館では，講座や講演会，相談会なども開催され，さまざまなテーマについての情報提供の場として活用されている[90]。なお，文部科学省のウェブサイトでは，こうした課題解決支援サービスに積極的に取り組んでいる図書館で構成される「図書館海援隊」の活動と取組内容が紹介され，その推進が図られている[91]。

90：テーマとしては，子育て，セカンドライフ，健康づくり，福祉，就職・転職，求人，起業，資格取得，法律問題など広範囲に及んでいる

91：http://www.mext.go.jp/a_menu/shougai/kaientai/1288450.htm

3章　図書館情報資源の収集とコレクション構築

1．コレクション構築とそのプロセス

（1）コレクション構築とは

a．図書館コレクションとその意義

図書館では，日々さまざまな種類の図書館資料を収集し，整理・保存する仕事が進められており，その結果として形成される「資料の集まり」が図書館コレクション（library collection）にほかならない。一般には，「コレクション」ではなく「蔵書」という用語が使われ，利用者にはこの語のほうがなじみやすいだろう。確かに，図書・雑誌・新聞などの伝統的な印刷資料に限定する際には「蔵書」という用語で十分かもしれないが，CD や DVD などによる視聴覚資料，さらには，電子的な情報資源なども図書館の所蔵資料に含まれることを考えると，「蔵書」よりも，「コレクション」という用語のほうが，それらの実体をより包括的に指し示していて都合が良い。

図書館にとってのコレクションの重要性はあらためて指摘するまでもなく，必然的に，コレクションの質と量が図書館に対する利用者の評価を大きく左右する。例えば，利用者が「○○という書名の本を読みたい」あるいは「□□に関する資料を入手したい」と考えたときに，それらを図書館が実際にコレクションとして所有しているかどうかは重要な問題である。利用者が望みの資料をその図書館で利用できるかどうかの可能性を利用可能性（availability）と呼ぶ。図書館は，その利用者集団に対して，十分な利用可能性を確保しうるコレクションを構築・維持していかなければならない。

その際に問題となるのは，予算や書架スペースの制限から，1章で述べたよ

うな世の中のすべての情報資源を図書館が単館では保持できない点である。そのため，後述するように，図書ならば「選書」というプロセスにより，情報資源全体のいわば部分集合を図書館資料として図書館の中に取り込むことになる（1章，1-1図参照）。この結果，利用者の望む資料がそのコレクションに含まれていないという事態が生じうる。その場合には，相互貸借のシステムによる他館からの借入や利用者からのリクエストによる新規購入の手段によって利用可能性を確保することになるが，それには一定の時間がかかってしまう。この点で，なるべく即時的な利用可能性が担保されるよう，各図書館が適切なコレクションの構築・維持に努めていく必要がある。

インターネット経由でアクセス可能なネットワーク情報資源（電子ジャーナル，電子書籍，ウェブページ等）もまたこのコレクションに含めることが可能である。ただし多くの場合，それは3-1図に示すように，リンクによるアクセス可能性（accessibility）の提供の形態をとる。例えば，図書館が電子ジャーナルを契約していたとしても，その論文のファイル自体は図書館の内部にはなく，電子ジャーナル提供側のサーバ上に存在する。利用者は，図書館が作成した電子ジャーナルのリストやOPACの検索結果などに埋め込まれたリンクから，それらの遠隔のサーバにインターネット経由でアクセスして，手元のコンピュータで当該論文を閲覧することになる。3-1図では，アクセス可能性が図書館により提供されたインターネット情報資源の部分集合を「拡張されたコレクション」と表記している[1]。

さらには，インターネット上には，特別な契約を必要とする電子ジャーナルや電子書籍以外にも，有用な情報資源が多数存在する。そのため，図書館がそれらに対するリンク集を作成し，そのウェブページ経由で利用者に提供することもある。この種のネットワーク情報資源もまた「拡張されたコレクション」に含めて考えることができるだろう。

「拡張されたコレクション」の問題点はその不安定さにある。例えば，当該

1：2章でも説明したように，自然科学分野では電子ジャーナルはもはや特別なメディアではなく，それを提供する図書館（大学図書館等）では，特に「拡張された」という修飾語は不要かもしれない。

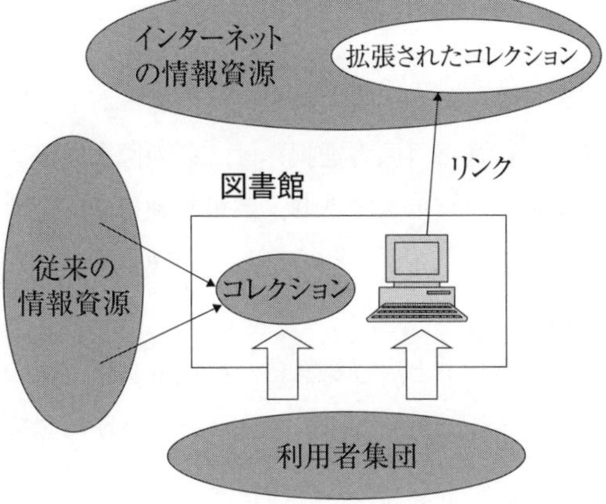

3-1図 図書館によるアクセス可能性の提供

サーバがファイルの提供を何らかの理由で中止した場合，それによって提供されていた情報資源は失われてしまう[2]。このため，図書館などの利用側で電子ジャーナルを永続的に保存・保管するための電子ジャーナルアーカイブが構築されている（世界的にはCLOCKSS（クロックス），日本ではNII-REOが著名）[3]。一方，インターネット上の一般的なウェブページの保存は特にウェブアーカイビングと呼ばれ，日本では国立国会図書館が「インターネット資料収集保存事業」（WARP）として，政府や自治体のウェブページを中心に保存・提供を実施している（1章4節参照）。

b．コレクション構築とその概念の変遷

3-1図に示されているように，一つの図書館が保持できるコレクションには限界があり，世の中に流通している大量の情報資源の中から，購入する，あるいは受け入れるべきものを選択しなければならない。この際，その図書館がサービス対象とする特定の利用者集団の潜在的・顕在的要求に対して十分な利

2：そのほか，ウェブページの書き換えやダウンロード可能なファイルの置換は容易なので，多数の異なる「版」が存在してしまう点も問題になる。

3：詳細は以下の文献などを参照。E1117: CLOCKSS へ日本の大学図書館が参加．カレントアウェアネス-E．2010，no.183.

用可能性を確保できるよう，膨大な情報資源の中から，資料を適切に選ぶ必要がある[4]。

この作業は，購入対象資料が図書の場合には，選書あるいは図書選択（book selection）と呼ばれる。選書（図書選択）は，その図書館がより良い蔵書を維持していくための重要なプロセスであり，図書や利用者に関する高度な知識を必要とする専門的な業務である。かつては，この図書選択の理論や技術がさかんに研究・議論されていた。

しかし，この「図書選択」という概念は，歴史的には，次の三つの理由から，「コレクション構築」（collection development）という概念に次第に拡張されていった[5]。

①資料の多様化……図書以外にも，ビデオやCDなどのさまざまな情報メディアが登場し，それらの図書館資料としての重要性が高まった。

②資料の集合体としての重要性……図書一点について個別的にその購入の適否を検討するだけでなく，その図書が加えられることになるコレクション全体を見て判断する必要がある。例えば，心理学分野の図書が歴史分野に比べて不十分と判断されるならば，それを重点的に補強して，コレクション全体の構成を是正することが望ましい。

③継続的な評価プロセスの導入……新たに購入すべき資料を選択するだけでなく，コレクションの中から不要な資料を識別し，廃棄・除籍する作業もまた重要である。つまり，購入した後も，評価プロセスを継続し，適切なコレクションを維持していかなければならない。

さらには，「コレクション構築」のほかにも，書庫管理などのコレクションに対する管理的な側面を含む概念としてコレクション管理（collection management）がある。これらの「collection development」や「collection man-

4：なお，すべての図書館資料が購入されるわけではなく，寄贈や交換といった手段で入手できる場合もある（本章3節参照）。この際にも同様に，整理のコストやスペースの制限から，受け入れるかどうかの選択が必要になる。

5：コレクション構築の基本概念と歴史的な変遷の詳細については以下の文献に詳しい。
河井弘志編．蔵書構成と図書選択．新版，日本図書館協会，1992，p.1-4.
三浦逸雄，根本彰．コレクションの形成と管理．雄山閣，1993，p.14-18.

agement」には，いくつかの日本語訳があるので，注意を要する。例えば，前者に対しては，本書で使用する「コレクション構築」のほかに，「蔵書構築」「蔵書構成」「コレクション形成」などの用語が実際に用いられている。また，後者についても，「コレクション管理」以外に，「蔵書管理」などの訳語を当てることがある。

c．コレクション構築に影響を与える要因

実際にコレクション構築を進めていく際には，さまざまな要因を考慮しなければならない。その主なものとして，次の四つを挙げることができる。

①利用者集団……それぞれの図書館が想定するサービス対象である利用者集団の特徴を十分に把握して，コレクション構築を進める必要がある。この際，現在の利用者だけでなく，潜在的な利用者（現在は利用していないが将来的に利用する可能性のある人々）をも含めて考えなければならない。また，利用者は個人ではなく，組織や団体の場合もある。

②情報ニーズ……単なる利用者の特徴把握だけでなく，利用者のもつ情報ニーズをも考慮しなければならない。多くの利用者は，何らかの情報に対する要求や欲求が生じたために，図書館を利用する。例えば，何かの時事問題について詳しく調べたい，心に感銘を受けるような本を読みたい，料理の作り方について学びたい，などであり，それらを情報ニーズと呼ぶ。このような情報ニーズを的確に把握して，コレクション構築を進める必要がある。

③経済的・物理的制約……資料の購入予算や書庫スペースには限界があり，その制約の範囲内で，少しでも良いコレクションを構築するよう，努力していかなければならない。

④現有のコレクション……すでに述べたように，その時点で図書館が維持・管理しているコレクションの特徴または長所・短所を十分に把握したうえで，コレクション構築を進めるべきである。このためには，その時点での現有コレクションの評価・分析が重要になる（この方法については本章５節参照）。

コレクション構築は以上の四つの要因に影響を受けるが，さらに，他の図書館のコレクションや，図書館以外の情報サービス機関・情報流通システムなども考慮する必要がある（3-2図）。例えば，利用者は，近隣の図書館や文書館，

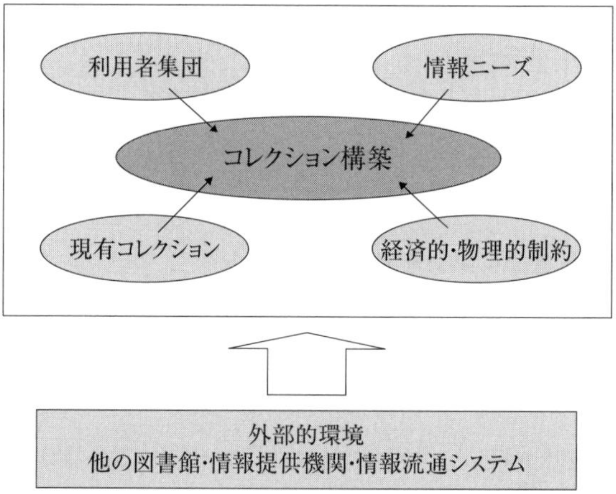

3-2図 コレクション構築に影響を与える要因

博物館，あるいは（古）書店，さらには，インターネットなどのネットワーク経由により，さまざまな情報資源を利用することができるので，それぞれの図書館を取り巻くこの種の外部的環境にも配慮しつつ，コレクション構築を進めることが望ましい。相互貸借システムの利用という点からも，これは重要である。

d．館種別でのコレクション構成の特徴

実際には，コレクションの特徴は館種別で大きく異なる。ここでは，所蔵資料の種類や想定される利用者集団などの点から，館種別のコレクションの特徴を簡単にまとめておく。

(1) 市区町村立図書館

市区町村立図書館は，公共図書館のうちいわゆる「第一線図書館」として位置づけられ，子どもから大人・高齢者まで，地域住民を包括的にそのサービス対象としている。このため，そのような多様な人々のさまざまな情報ニーズに応えうる，コレクションを構築していかなければならない。

基本的には，図書・雑誌・新聞が中心であるが，オーディオ CD やビデオカセット，DVD などの視聴覚資料を提供している図書館も数多い。専門的な学術書が所蔵されていないというわけではないが，教養・趣味・娯楽のための資

料がコレクションの中心であり，小説類が多いのが一つの特徴である。また，児童向け資料，ヤングアダルト向け資料が収集され，独立したコレクションとして存在する場合も多い。さらには，その地域に特有の郷土資料や行政資料（地域資料）を重点的に収集している図書館や，地域に数多く居住する外国人向けに，それに対応した外国語での資料を提供している図書館もある。

(2) 都道府県立図書館

都道府県立図書館は，市区町村立図書館では満たされなかった情報ニーズを解決するという役割をもち，近隣地域住民個人へのサービスに加えて，市区町村立図書館に対するサービスをも行う必要がある。そのため，一般に，市区町村立図書館よりも大規模なコレクションを維持・管理している。また，市区町村立図書館に比べ，通常，専門的・学術的な資料の比重が高く，さらに，地域資料を網羅的に収集して，それらに基づく研究に貢献している場合が少なくない。

(3) 学校図書館

学校図書館の利用者には教職員が含まれるものの，主たるサービス対象は，小・中学校や高等学校の児童・生徒である。学校図書館の第一の目的はこうした児童・生徒たちの学習・教育への支援であって，教育課程（カリキュラム）を補助・推進する資料や課外読書のための資料の提供が重要な責務となっている。そのための図書や視聴覚資料がコレクションの中心であるが，さらに，教材としての模型，標本，地球儀等をはじめとする博物館資料類を図書館が管理する場合もある。

(4) 大学図書館

大学図書館では，学生の学習や教育活動への支援のほかに，教職員・大学院生を含めた研究活動を支えることが重要な役割となっている。そのため，公共図書館や学校図書館に比べて，学術的な資料の割合が圧倒的に高く，また，英語などの日本語以外の言語で書かれた資料も数多く収集している（一般に，日本語の図書を「和書」，英語などの欧米系の図書を「洋書」と呼ぶ。前者については中国の書籍を含めれば「和漢書（わかんしょ）」と総称される）。

学術的な情報の効果的な提供のために，レファレンスコレクションが充実しているのも大きな特徴であり，また，データベースや電子ジャーナルなどデジタル化された資料類も積極的に提供されている。なお，実際には，大学図書館のコレクションの特徴は，個々の大学を構成する学部・学科のタイプに大きく依存する。

⑸　専門図書館

専門図書館には，企業の図書館や各種学協会の図書館，地方議会・官公庁の図書館などが含まれ，それぞれの利用者に応じた専門的なサービスが提供されている。したがって，そのコレクションの特徴は各図書館の「専門性」に大きく依存することになる。なお，企業の図書館では，調査報告書や社内報，図面類など，非出版物としての社内的な文書や資料を管理・保管している場合もある。この点では，文書館あるいはビジネスアーカイブとの接点が大きいといえる。

（2）コレクション構築のプロセス

a．一般的なプロセス

図書館における実際のコレクション構築は，3－3図に示す六つの段階から成る一連のプロセスとして遂行される。ここでは，この各段階について簡単に説明する（「整理」以外についての詳細は，本章2節以降を参照のこと）。

①計画……図書館における計画立案（planning）の一環として，コレクション構築に関しても，短期計画あるいは中・長期計画を立案し，それに沿って実際の作業を進めていかなければならない。短期計画は通常1年（すなわち一つの会計年度）であり，それ以上は中・長期計画となる。担当者が代わっても，一貫したコレクション構築が維持されるように，5年〜10年程度の中・長期計

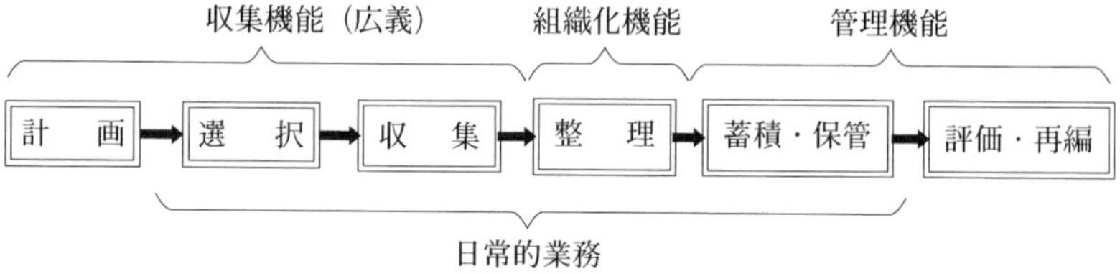

3－3図　一般的なコレクション構築のプロセス

画を立てることが望ましい（もちろん，利用者集団や環境の変化に応じた，計画の見直しも重要である）。

この際には，資料の収集に関する方針やガイドラインを策定し，その中で，短期あるいは中・長期計画を明示することが必要である。これらは，一般に蔵書構築方針書（collection development policy statement）または「収集方針書」などと呼ばれ，文書形式で明文化して，関係者の間で共有することが望ましい。

②選択……コレクション構築の計画，具体的には収集方針書に基づいて，収集すべき資料の選択が日常業務として進められる。すなわち，世の中にどのような情報資源が存在するかを把握し，そのうえで，収集方針書に示された基準やガイドラインに照らして，実際に受け入れる資料を決めていく。このためには，3－2図にあるように利用者の情報ニーズや経済的または物理的制約なども考慮しなければならず，また，各資料の主題にも精通している必要がある。この点で，資料選択は高度な知的判断を要する専門的な作業であるといえる。

③収集……選択された資料を実際に取り寄せ，コレクションの一部として受け入れる作業が「収集」である。例えば，図書を購入する場合には書店や取次業者を通すことになるが，これらが取り扱わない図書については，その購入方法を改めて検討しなければならず，それほど容易な作業ではない。一般に，通常の流通経路に乗らないような資料（灰色文献）を収集することは難しく，知識・手腕が要求される。また，購入のほかに，寄贈，交換，寄託，会員加入，納本などの収集方法もあり，それらの手順・方策にも精通しておく必要がある。

④整理……収集（検収を含む）に引き続いて整理が行われる。これは具体的には，目録作成，書誌・索引作成，分類記号付与，件名標目付与，請求記号付与などの作業から成る。目録作成・分類作業は図書館における非常に重要な作業であり，その内容については，本シリーズの他巻を参照してもらいたい[6]。

⑤蓄積・保管……整理作業の済んだ資料に対しては，蔵書印の押印や図書ラベルの付与などがなされる。これを装備と呼んでいる。そして，装備の終わっ

6：田窪直規編著．改訂 情報資源組織論．樹村房，2016.

た資料は書架に並べられ（排架），一般の利用に供される。このようにして，資料が体系的に整理・蓄積されていくことになる。蓄積された資料が破損・散逸しないよう，長期にわたって保存していくことはたいへん重要である。このためには，損傷・劣化を防ぐための予防措置と，損傷・劣化した資料を修復する作業の二つが必要になる。さらに，書架や書庫を整理された状態に保つための書庫管理も大切な仕事である。

⑥評価・再編……定期的にコレクションを評価し，その構成に偏りがないか，あるいは，利用者集団の情報ニーズを十分に満たしているかどうかを確認しなければならない。もしその評価結果が十分でなければ，資料収集方針や実際の資料選択作業に修正が必要となる。図書館の評価のための一般的な指標を規定した標準規格として，JIS X 0812（国際規格 ISO11620に対応）があり，その中に，コレクション評価のための指標がいくつか含まれている（本章5節参照）。

また，評価の結果，「古くなった」などの何らかの理由で，将来にわたって利用が期待できないような資料が見つかったならば，保存書庫や保存図書館への移管や廃棄を検討する必要がある。このような資料の除去はウィーディング（weeding）とも呼ばれる。ウィーディングによるコレクションの再編もまた，資料選択と並んで，重要なコレクション構築のプロセスである。

b．図書と逐次刊行物についての詳細なプロセス

図書と逐次刊行物に関するコレクション構築の詳細なプロセスを3-4図，3-5図にそれぞれ掲げた。各手順の具体的な内容については，本章2節以降を参照のこと。

c．コンピュータによる作業

以上のコレクション構築のプロセスは，コンピュータを利用した効率化が図られている。例えば，3-4図に示された重複調査（選択された図書がすでに購入されていないかどうかの確認）には，目録データベースのコンピュータによる検索が欠かせない。そのほか，発注・検収・登録業務や目録作成業務，書庫管理，評価作業などにもコンピュータは重要な役割を果たしており，多くの図書館では，それらを一貫して支援するシステムを導入している。

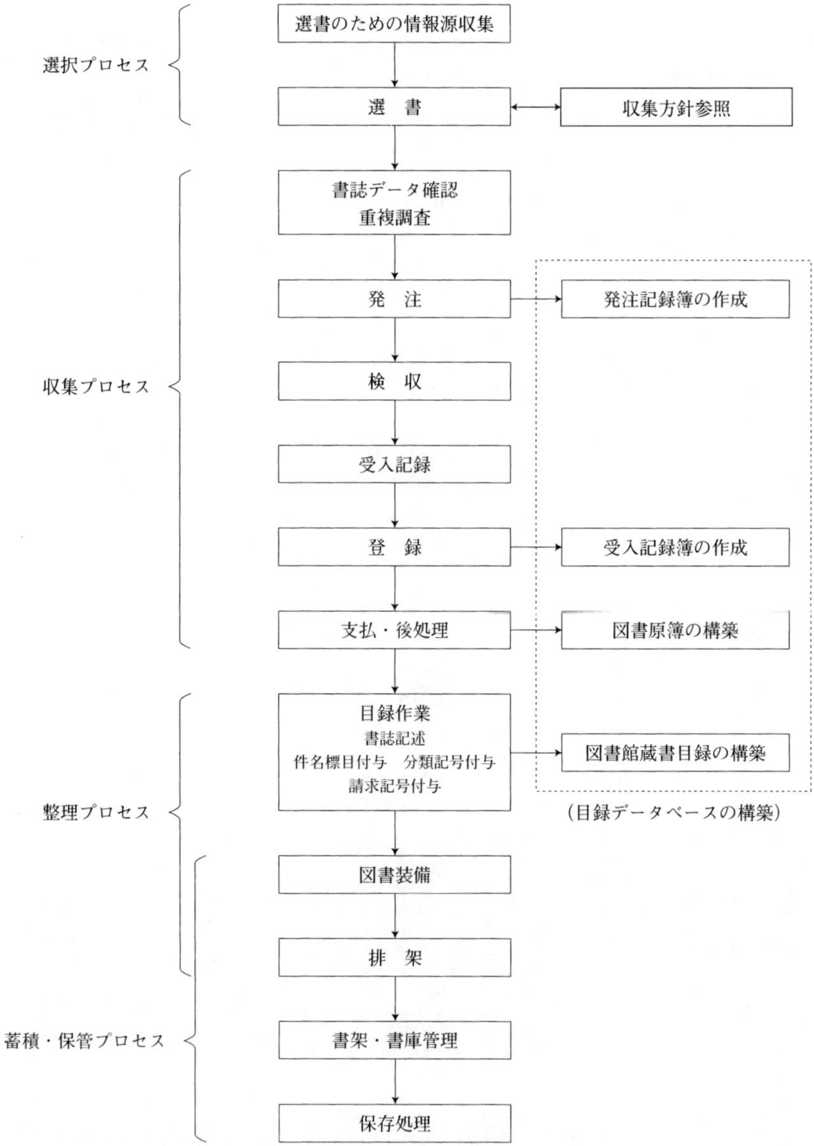

3-4図　図書のコレクション構築プロセス

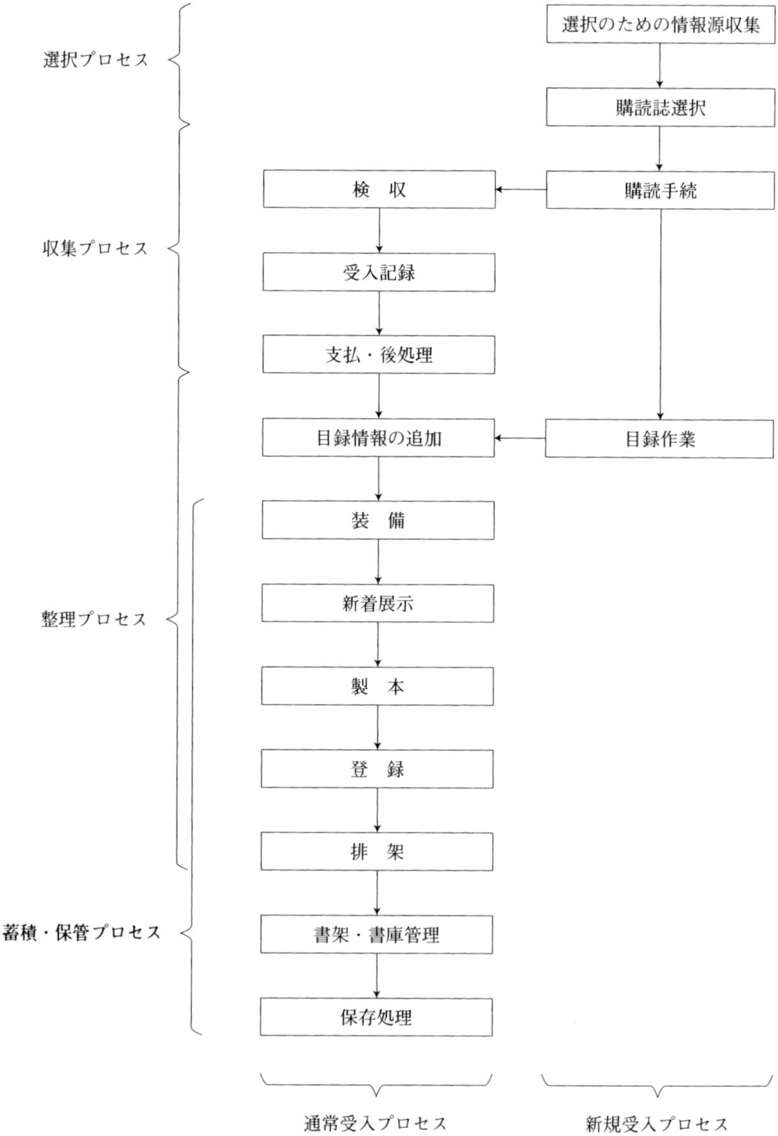

3-5図　逐次刊行物のコレクション構築プロセス

(3) コレクション構築に関する研究

図書館情報学の研究者や図書館員によって，コレクション構築についてのさまざまな研究がなされてきた。ここでは特に，その一連の研究の中で発見・探究された統計的な規則性（法則）について簡単に触れておく。

a．ブラッドフォードの法則

1930年代にブラッドフォード（S. C. Bradford）によって発見された，学術論文の雑誌への掲載に関する統計的な規則性を，一般にブラッドフォードの法則（あるいは経験則）と呼ぶ。これは，「特定主題に関する論文を集中的に掲載する雑誌が少数存在する一方で，その主題に関する論文をごくわずか掲載する雑誌が多数存在する」という，いわば「集中と分散の現象」を記述したものである。

コレクション構築の観点からは，「特定主題を集中的に掲載する雑誌」を優先的に購入することで，より少ない予算によって，当該主題に関する論文をより多く集められることになる。この種の雑誌をコアジャーナル（core journal）と呼ぶことがある。また逆に，「その主題に関する論文をごくわずか掲載する雑誌が多数存在する」ため，ある主題に関する論文を「完全」に網羅したコレクションの構築は困難な試みであることを，ブラッドフォードの法則は暗示している。

さらに，図書の貸出に関しても，特に大規模図書館の場合，ごく少数の図書が数多く貸し出され，多くの図書はまったく貸し出されないか，たまに貸し出されるだけであるという，ブラッドフォードの法則によく似た現象が観察されることが知られている。この現象は，「80/20ルール」（80％の貸出が20％の蔵書によって充足される）と呼ばれることがある[7]。

b．資料の老化

資料が受け入れられたのち何年も経てば，当然，その内容は古くなり，利用が減少していく。これを資料の老化（obsolescence）という。中には何年経っ

7：この種の集中と分散の現象は物理学や経済学など，普遍的に観察される。また，書籍販売におけるいわゆるロングテールもまた，この現象の一つである（4章2節参照）。

ても頻繁に利用されるような資料もあるが（例えば，古典的な名著など），全体的な規則性としては，その利用の程度（頻度）は年々，おおよそ指数関数的に減少していくということが何人かの研究者によって指摘されている。ただし，この減少の比率は主題分野によって異なる。

減少の曲線が指数関数で表されるかどうかは，実際にはその状況に依存するので別としても，利用が減少していくのは当然であるから，その減少率を勘案して，コレクションの再編計画を立てていくことが重要である。

2．資料選択のプロセス

（1）資料選択の基準と実際

図書館のコレクションは，前節で述べたように館種ごとに特徴がある。図書館のコレクションを形成している主なサブコレクションの種類について，現在ではおおむね3-6図のようになっている。右側のサブコレクションは，これまでの紙媒体を中心とした図書館蔵書であり，公共図書館，学校図書館では依然これらが主流である。これに加え，近年，大学図書館，専門図書館を中心に，左側のサブコレクションとして示した電子資料やデータベースが加わり，図書館総体として，印刷資料と電子的な情報資源とが共存する状況（すなわち「ハイブリッドな」状況）になっている。

「図書館法」第２条で，図書館は，“一般公衆の利用に供し，その教養，調査研究，レクリエーション等に資することを目的とする施設”と定義されているように，複数の目的をもった機関である。目的が複合的になれば，同時にコレクションも複合的になり，各目的に沿ったサブコレクションから構成される合成体となる。図書館法第２条は，利用者による読書の目的の観点による規定であり，特に図書を例に挙げれば，目的と図書との対応は，おおむね次のようになっている。

- 教養 → 一般図書，教養書
- 調査研究 → 実用書，調査資料，学術書，研究資料，レファンレンスブック

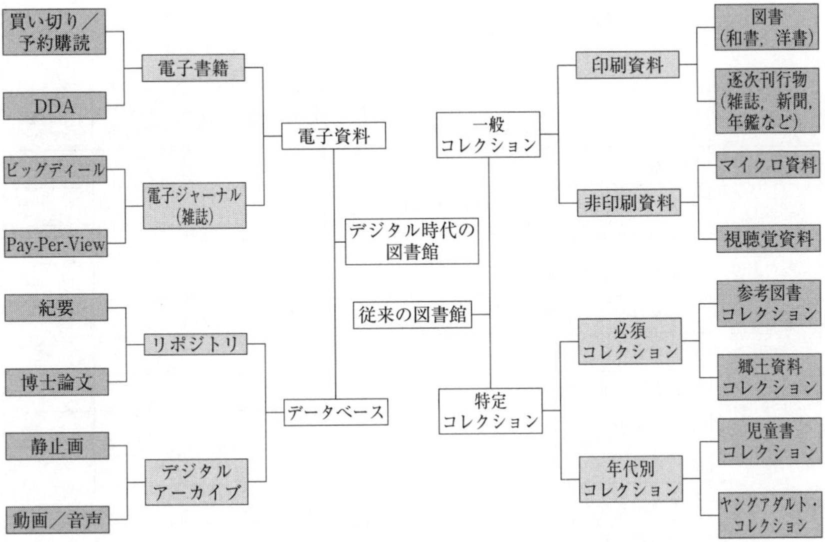

3-6図 図書館のサブコレクションの種類

・レクリエーション → 娯楽書

各図書館は利用者の構成を考慮し，サブコレクション間での量的な比重の目安をもっておくことが望ましい。

では，図書館のコレクションを維持・発展させていくために，備えるべき資料（電子資料を含む）を発注する，あるいは電子資料の利用契約を行う作業にあたって，最初に実施すべきことは何であろうか。それは，図書館内における意思決定を担う会議体で，当該年度における図書，新聞，雑誌，視聴覚資料，児童書，電子資料等への資料費の予算配分を決めることである。その際には表3-1のように昨年度実績額，昨年度購入件数（冊数），昨年度予算額，昨年度事業計画，今年度事業計画が考慮されるべきである。例えば児童サービスに重点を置くことが今年度の事業計画であるならば，目標値を想定しつつ，児童書の予算を増やし，その一方，資料費全体の増額は難しいため，スクラップ・アンド・ビルド（scrap and build）方式で，児童書の増額分をほかの資料費の項目から減らすなどの調整が必要となる。

表3-1 資料費の予算配分ワークシート例

予算科目	内訳	今年度予算額	昨年度		
			実績額	購入件（冊）数	予算額
図書支出（資産化保存対象）	図書費				
	逐次刊行物費（バックナンバーも含む）				
	視聴覚資料費				
	パッケージ系電子資料				
	マイクロフィルム費				
	児童書費				
	ヤングアダルト費				
	参考図書費				
	貴重書費				
	郷土資料費				
	その他の資料費				
	小計				
図書資料費（非資産化対象）	図書費				
	逐次刊行物費				
	電子書籍				
	電子ジャーナル				
	その他の資料費				
	小計				
	合計				

今年度事業計画	
昨年度事業計画	

本項では，次の順序で，資料選択の基準と実際について詳しく解説していく。

①資料収集方針

②利用者とそのニーズ

③資料自体の特徴や価値

④所蔵・利用可能コレクションの特徴

⑤資料購入・利用契約のための予算の制限

⑥図書館間相互貸借，異なる媒体などによる利用可能性（availability）

a．資料収集方針

本章1節で述べたように，コレクションの構築は明文化された資料収集方針（蔵書構築方針）に従って進められなければならない。資料収集方針について，『図書館情報学用語辞典』では，“収集すべき図書館資料についての基本的な資料選択のための方針で，その図書館がどのような図書館サービスを目指しているのかを，蔵書構成の面から明らかにしたもの。成文化にあたっては，目的，意義，サービス対象，収集範囲などを明確に規定し，広く公開して，サービス対象集団の批判と協力を得るように努める。日本では，1970年代頃から成文化した資料方針がみられるようになってきているが，現状ではきわめて原則的な方針が多く，蔵書発展の方向性を示しているものは少ない。…（略）…専門職としての図書館観が問われている”[8]と述べられている。

資料収集方針の成文化において，その基準や目安を細かく規定することで選書作業が進めやすくなり，資料選択担当者の独断に左右されない，その図書館の目的に合った一貫性のあるコレクション構築が実現できる。例えば，図書館経営が直営方式から指定管理者方式に変更されたとしても[9]，あるいは指定管理者方式で契約任期満了に伴い指定管理者が交代したとしても，資料収集方針がしっかりと規定されていれば，これをもとに継続的に一貫したコレクションの構築を進めることができる。

では，資料収集方針には，どのような項目を記載することが望ましいのだろうか。ここでは，一つの例として「東京都江戸川区立図書館資料収集方針」[10]を参考に，その項目を列挙してみる。

8：日本図書館情報学会用語辞典編集委員会．図書館情報学用語辞典．第4版，丸善，2013，p.99．なお，同辞典における項目名称は「収集方針」である。

9：公立図書館が地方自治体によって管理される通常の経営形態をここでは「直営方式」，それを指定管理者が代行する場合を「指定管理者方式」と呼んでいる。

10：江戸川区立中央図書館．“江戸川区立図書館資料収集方針と選定基準”．https://www.city.edogawa.tokyo.jp/documents/1344/houshin_lib.pdf，（参照2019-06-09）．

①資料収集方針

目的，収集の基本方針，資料保存

②資料別収集方針

通則（複本，補充，寄贈），

図書資料（新刊書，古書（既刊書），官公庁資料，海外資料），

逐次刊行物，視聴覚資料，障害者用資料，電子資料

③資料別選定基準

一般図書（日本十進分類法の0類から9類までを個別に），

逐次刊行物（新聞，雑誌，年鑑・年報），

視聴覚資料（共通基準，音声資料，映像資料），

電子資料（通則，共通基準，資料別基準），寄贈資料，

郷土・行政資料選定基準（収集方針，収集範囲，選定基準，を発行主体別に），児童資料選定基準（収集方針，共通選定基準，分野別選定基準）

④資料利用・保存年限基準

資料別利用基準（レファレンスブック，郷土・行政資料，図書目録・書誌類，白書・統計・年鑑，政府刊行物，新聞・雑誌，児童図書），

主題別利用年限と保存基準（日本十進分類法の0類から9類までを個別に）

⑤除籍基準

除籍対象資料基準（不用資料，亡失資料，その他），

視聴覚資料除籍基準，資料リサイクル基準

以上のうち，一般図書についての選定基準では，「日本十進分類法」（以下，NDC）の0類から9類まで個別に，当該分野の資料をどの程度収集すべきかという，いわば「収集密度」に関する基準が示されている。具体的には，「○○については，積極的に収集する」という形式での記述である。

なお，この収集密度は，国際図書館連盟（International Federation of Library Associations and Institutions：IFLA）の「コレクション構築方針のためのガイドライン（2001）」[11]において緻密に規定されている。すなわち，同ガイドラインでは，コレクションをどの程度の内容的な深さ（Collection depth indicator definitions）で収集するかについて，次の６段階のレベルが示されている。

0＝収集対象外（out of scope）

1＝最小限の情報レベル（minimal information level）：基本的な著作のみ収集するコレクション

→ 最新版のみ収集し，旧版は除籍する。

2＝基本的な情報レベル（basic information level）：入門的な知識や主題領域の概要を知るのに役立つもののみを収集するコレクション

→ 基本的著作のいくつかの版，基本的なレファレンス資料・書誌等を含む。

3＝学習・教育支援レベル（study or instructional support level）：研究レベルまでは届かないレベルで資料を収集するコレクション

→ 広範囲にわたる基本的著作，相当数の古典的資料，重要な著作の網羅的コレクション，主要ではない著者の代表的著作，主題に関するレファレンス資料・書誌類。

4＝研究レベル（research level）：研究に必要な資料を収集するコレクション

→ すべての重要なレファレンス資料，当該分野の雑誌・主要な抄録索引コレクション，外国語資料や古い資料も対象

5＝網羅的レベル（comprehensive level）：使用言語を問わず，可能なかぎりあらゆる著作を収集しようとするコレクション

これらの六つの収集レベルをNDCの各分類項目（第三次区分の目（もく））に割り当てることで，主題分類別の資料収集方針を記述できる。このような考え方をNDC新訂10版の総記に適用した考え方の事例が3－2表である。なお，大学図書館の資料収集方針としては，慶應義塾大学湘南藤沢メディアセンターの蔵書

11：International Federation of Library Associations and Institutions Section on Acquisition and Collection Development. "Guidelines for a collection development policy using the conspectus model". https://www.ifla.org/files/assets/acquisition-collection-development/publications/gcdp-en.pdf,（参照2019-05-14）.

3-2表 資料収集方針における主題分類別の考え方の例（総記に対して）

NDC		主 題	収集レベル	収集留意事項	言語
0類	002	知識．学問．学術	4	学問の案内書からフィールドワーク方法論まで幅広く積極的に収集する	日
	007	情報学．情報科学	3	情報技術の政策や動向，オペレーティングシステムやプログラミング言語など最新の技術情報を提供できるようにする	日英
	010／018	図書館．図書館情報学	5	一般向け図書から専門書まで包括的に収集する	日英独仏
	019	読書．読書法	4	読書に関する案内書から，専門家の書評まで積極的に収集する	日
	020	図書．書誌学	5	読書へ誘導する分野なので網羅的に収集する	日中
	021	著作．編集	4	著作権，知的所有権，あるいはコンピュータによる編集について積極的に収集する	日
	022	写本．刊本．造本	4	調査・研究のための需要に対応するため積極的に収集する	日
	023／024	出版．図書の販売	4	最新の出版状況を概観できるもの，専門的な出版統計を積極的に収集する	日
	025／029	書誌．目録	4	調査・研究のための需要に対応するため積極的に収集する	日英
	030／039	百科事典	4	最新情報に対応できるように電子で積極的に収集する	日英
	040／049	一般論文集．一般講演集．雑著	3	厳選が必要であるが，特に049に分類される雑著は厳選する	日
	050／059	逐次刊行物．一般年鑑	3	各種年鑑は電子で積極的に収集する	日
	060／069	団体．博物館	3	需要の高い専門団体，機関の名簿類は積極的に収集する	日英
	070／077	ジャーナリズム．新聞	4	一般向け図書から復刻した新聞まで網羅的に収集する	日
	080／089	叢書．全集．選集	4	一貫した方針のもとに編集された全集や著者の個人全集は積極的に収集する	日
	090／099	貴重書．郷土資料．その他特別コレクション	5	郷土資料は網羅的に収集する	日

注：
・この例はNDCによる主題分類の0類に対する事例を示し，NDC分類の1～9類の箇所は省略した。
・収集レベルは前頁記述のIFLAのガイドライン（2001）の6段階レベル表示に準じている。
・収集留意事項の記述内容に従って選書を行う。
・多文化サービスを行うためには言語欄を参考に外国語出版物の選書も行う。外国人居住者の多い地域の館では，居住外国人の状況に応じて中国語，韓国語，タイ語等々の出版物への配慮が必要となる。

構築方針[12]が参考になる。現在，多くの大学図書館においては，洋雑誌については電子ジャーナルが主流であり，すなわち，「電子優先（Digital First）」となっている。

資料収集方針は単なる業務上の具体的な手順のマニュアルに留まらない。社会における図書館の役割や立場を明確にする説明責任を果たすためにも必要である。この点，文部科学省による「図書館の設置及び運営上の望ましい基準」（2012）においても，“市町村立図書館は，利用者及び住民の要望，社会の要請並びに地域の実情に十分留意しつつ，図書館資料の収集に関する方針を定め，公表するよう努めるものとする”と記載されている。適切な資料選択に基づくコレクション構築は図書館活動の基礎であり，図書館員としての専門的能力が発揮できる箇所でもあるため，より詳細な資料収集方針を公開するように努めることが望ましい。

b．利用者とそのニーズ

日本では毎年新刊図書が7万冊以上出版されている。国立国会図書館を除いて，図書館単館でこれらすべての図書を購入するなど到底できない。そのため，数ある図書の中で各図書館にとって最良のものを選ぶ必要がある。それには，「どのような利用者にとって最良なのか」「どのような目的のために最良なのか」「どのような基準に照らして最良なのか」等という複数の重点の捉え方がある。これらの資料選択の根拠は，大きく次のような立場に代表されている。

- 資料そのものがもつ価値を基準として選択するという考え方
- 利用者の要求を基準として選択するという考え方

前者は価値論（value theory），後者は要求論（demand theory）と呼ばれ，この二分法に基づく図書選択論がこれまで展開されてきた。わが国の公共図書館では，第二次世界大戦後，価値論的な資料の選択および提供を基軸としていたが，そのターニングポイントが1960年代に訪れる。その変化は，『中小都市における公共図書館の運営』（1963年）や『市民の図書館』（1970年）の発行によって顕著に示され，この時期に，貸出を重視する考え方のもとで，利用者の

12：慶應義塾大学湘南藤沢メディアセンター．“蔵書構築方針”．http://www.sfc.lib.keio.ac.jp/about/cdpolicy/index.html，（参照2019-06-13）．

要求を第一とする要求論を中心とした選書論が確立した。

この時期の公共図書館の発展に大きな影響を及ぼした前川恒雄は，価値論と要求論の統一という選択論を提起し，両者は相反するものではなく，むしろ相乗効果を生み出す関係にあるとした。例えば，前川恒雄は，公共図書館での資料選択の尺度として，次の三つを挙げている[13]。

①読者が何かを発見するような本。いいものにめぐりあえたと思える本。つまり，独創とまで言わなくても，筆者自身の考え・体験・工夫が，読者に刺激を与え考えさせる本。

②具体的で正確な本。これは科学の分野だけでなく，芸術についても言えることである。さらに，叙述の背後からより本質的なもの，筆者の考え方が浮きでてくる本。逆に言えば，理論をとおして著者の人間性が生きいきと読者に迫ってくる本。

③美しい本。何が美しいかは人によってさまざまだが，感覚的なものだけではなく，数学の簡潔さなどに感じるものを含んだ美しさである。さわやかな気持ちがわいてき，心が洗われるような本。文章を書きうつしたくなる本。

これらの尺度は，価値論と要求論との統一という文脈の中で提示された点に注意する必要がある。すなわち，質の高いコレクションを備えることが利用者の高い要求を生み出し，その要求に沿うことで，コレクションの一層の充実が達成されるという，いわば相乗的な効果としての価値論と要求論との統一であり，その延長上にこれらの尺度が提示されていたのである。

実際に利用者から図書館にもたらされる要求は，館内閲覧，館外貸出，複写，図書館員への質問，OPAC 検索，館内施設利用，ネットワーク経由でのデジタル資料へのアクセスなどのさまざまな形をとる。これによって，図書館員は利用者がどのようなニーズをもっているのかを事後的に把握できる。この中には，当初は当該図書館でそのニーズを満たすことができなかったものの，資料予約，図書館間相互貸借，購入希望依頼（リクエスト）によって充足された場合が含まれる。しかし，そのような積極的な手段をとらずに，単にあきらめてしまう利用者がいることを忘れてはならない。その実態は，来館者調査や住民調査などの特別な調査を実施しない限り，把握することはできない。選書においては，明示的に表れるニーズ（顕示要求）のほかにも，利用者が潜在的にも

13：前川恒雄．われらの図書館．筑摩書房，1987，p.87.

っているニーズ（潜在要求）をも考慮する必要がある。

大学図書館においても，利用者ニーズの把握は重要である。大学図書館の主要な目的は，所属する教職員，大学院生，学部生という構成員への研究・教育・学習活動への支援である。そのため，授業の学習計画を周知するために作成されたシラバスに基づいた資料選択や，「学生に良書を」という観点からの資料選択が重視されることが多い。その一方で，学問の専門化や細分化が進み，資料選択の担当者がすべての分野を幅広く見渡して，資料を的確に選定することは難しくなっている。このため，利用者からの要求に基づいた資料選択の機会も重視されつつある。例えば，本章3節で紹介する電子書籍の需要主導型購入方式などがそれに該当する。

c．資料自体の特徴や価値

ここでは特に，資料自体の特徴や価値に重点を置く「価値論」の視点で資料選択を行う場合について説明する。これはいわば資料に対する評価に基づいており，その要点は，著者に関する内容，著作に関する内容，資料形態に関する内容の検討である。

まず「著者に関する内容」については，当該資料の内容に責任をもつ著作者，その編集企画に携わった人，それを刊行した出版者が対象となり，それらの人々の意図やこれまでの実績などが評価される。一方，「著作に関する内容」としては，その資料の主題および記述されている内容や成果，参考文献，巻末索引などが評価の対象となる。「資料の形態に関する内容」では，紙媒体であれば物理的な大きさや製本など，デジタル媒体であれば利用環境や使いやすさなどを評価する。以上のすべての要点を総合的に検討した結果として，一つの資料の価値が定められることになる。

価値論的な資料選択基準の典型としては，ヘインズ（H. E. Haines）の掲げる五つの視点からの図書評価基準（文学作品は除く）[14]を挙げることができる（3-3表参照）。なお，ヘインズによるこの解説が発行されたのは1950年であ

14：Heines, Helen E. Living with books : the art of book selection. 2nd ed. Columbia University Press, 1950, p.53-54. なお当時の米国では小説などのフィクションを図書館に置くべきではないという考え方があった。

3-3表 ヘインズの一般図書評価法（一部修正：以下の注記参照）

A．主題・範囲（subject matter）
 a．主題・テーマはなにか。
 b．主題の範囲：包括的か，部分的か。
 c．周辺的な主題も追加されているか。
 d．論述の網羅性：論述が簡潔であるか，網羅的か，選択的か。
 e．主題の取り扱い：具体的か，抽象的か。
 f．主題の一般性・学術性：一般向けか，学術的か，技術的か。
 g．対象読者：一般読者向けか，学生向けか，専門家向けか。
 h．適時性：主題の時期は適切か。
B．著者の権威（authority）
 a．著者の適格性：著者の教育，経験，著述の準備状況。
 b．参考資料の信頼性：参考資料を用いているか。用いているとすれば，それは信頼性のあるものか。
 c．著述の主観性・客観性：著述は著者の個人的な観察に基づくものか，調査研究に基づくものか。
 d．著述の正確性：著述の正確性，的確性。
 e．著述に含められている事実や理論に対する理解度。
 f．著述の観点：偏向的か，公平的か，伝統的か，急進的か。
C．著作の質（qualities）
 a．創造性：著作の創造性の程度。
 b．著述の形式：著述の形式がその意図や主張に対して適切であるか。
 c．独創性は著作の考え方にあるのか，それとも表現法にあるのか。
 d．読みやすさ：明解さ，読みやすさはどうか，魅力的か，深みがあるか，想像性が豊かか。
 e．著作は興味深いものか，文献として永続的に貢献するようなものかどうか。
D．資料の形態的特徴（physical characteristics）
 a．索引：適切な索引が付けられているか。
 b．図表等：図表，地図，参考文献リスト，付録などが付けられているか。
 c．印刷：印刷の鮮明度や用紙の品質はどうか。
E．読者にとっての価値（values for reader）
 a．価値のある情報をもっているか。
 b．文化的な貢献をするかどうか。
 c．読者の関心を刺激するかどうか。
 d．読者の娯楽やレクリエーション向けかどうか。
 e．どのような目的の読書に合致するか。
 f．〔対象読者〕どのようなタイプの読者向けのものか。

注：この表は，注14の内容に適宜小見出しをつけ，一部の説明を省略するなど，わかりやすくするための修正を施した。

り，それからすでに70年ほど経過しているが，そこに示されている文献評価の要件は，冊子体に限定すれば決して古くなく，現在でも十分に理解できる内容になっている。

d．所蔵・利用可能コレクションの特徴

本章1節で述べたように，コレクション構築では，資料を個別的に選択するだけではなく，その集合体としての，所蔵および利用可能コレクション全体の構築・維持に重点が置かれる。すなわち，新たに加える資料と既存の所蔵・利用可能コレクションとの関連を考慮するわけであり，その時点でのコレクションの強弱を分析して弱い部分への補充を念頭に資料選択を行うことによって，コレクションを全体としてより良いものに近づけようとする発想である。

例えば，大学図書館では，コレクションの弱点を把握するために，次のような作業をすることがある（なお，これらは一例であり，詳細は本章5節参照）。

①分野ごとの概説書などを参考に自館所蔵・利用可能コレクションと比較する。

②分野ごとに著名な大学図書館の所蔵・利用可能コレクションと比較する。

③雑誌の場合には，文献群の重要度や影響力を計測するための尺度の一つであるインパクトファクター（本章5節参照）の上位を占める雑誌と自館の所蔵・利用可能コレクションとを比較する。

④分野ごとにその研究者や大学院生から意見を聴く。

一方，内容的に古くなった資料やほとんど利用されなくなった資料などを取り除いて，所蔵・利用可能コレクションの新陳代謝を促進させるという考え方も，基本的にはこの延長上に沿った発想である。この際，廃棄するのではなく，保存書庫などに別置する場合には，そこに移された後での利用方法を決めておくことなども必要となる。

このほか，細かな留意点も数多い。例えば，紙媒体の大型コレクションや特殊資料などの選択においては，排架場所の確保が問題となる。新たに排架するために，既存資料を移動しなければならないかもしれない。また，デジタル資料の場合には，ネットワーク経由で利用の可否，あるいはスタンドアロンであれば図書館設置のパソコン環境での稼働の可否を見極めたうえで，選択する必

要がある。さらには選択した資料が収集された後の目録作業をどのように実施するのかも問題となりうる。具体的には，MARC（機械可読目録）のデータを調達できるのかどうかを事前に調べたり，目録作業にかかわる作業負担（担当者・期間・経費など）を見積って関係担当部署に事前に確認しておくことも重要である。

学術雑誌については，冊子体の場合には，図書と同様に，各図書館が資料収集方針に沿って必要な雑誌を選択購入するのに対して，電子ジャーナルの場合にはその様相はやや異なる。これは，主要な電子ジャーナルが海外の大手出版社から販売されており，それを導入する図書館がその販売（契約）戦略[15]に左右されるようになった結果である。例えば，担当の図書館員には，出版社（販売側）との対話や交渉を行う能力が新たに必要とされるようになった。

図書館が当該出版社の電子ジャーナルを全タイトル利用できる契約を結んだ場合には，次のような可能性にも注意が必要である。すなわち，今まで冊子体では購読していなかった雑誌が電子ジャーナルの導入で利用が増えたとすれば，それは今までの資料選択が正しかったのかどうかという問題が生じることになる。他方，今まで冊子体で購読していなかった雑誌が電子ジャーナルでもそれほど利用されない場合には，今までの資料選択が正しかったと解釈される。いずれにしても，電子ジャーナルとしての利用になっても，雑誌タイトルごとに利用状況の動向を把握して，日常的に費用対効果に配慮する必要がある。

e．資料購入・利用契約のための予算の制限

(1) 図書館における資料費の不足

図書館の資料費は，経済不況の影響もあり減少したままである。日本図書館協会による統計[16]によれば，直近約20年間において，公共図書館全体における資料費予算総額は1998年の350億7,383万円がピークであったが，2018年の同予算総額は281億円1,748万円となっており，図書館の資料費が切り詰められてい

15：販売（契約）方法としては，当該出版社が発行するすべての電子ジャーナルを利用できるパッケージ商品（ビッグディール契約），主題別にまとめられた電子ジャーナルを利用できるパッケージ商品などがある。

16：日本図書館協会．"日本の図書館統計"．http://www.jla.or.jp/library/statistics/tabid/94/Default.aspx，（参照2019-05-29）．

る状況が一目瞭然である（なお，この数値は公共図書館全体についてのものであり，館数の増減は考慮していない点に注意)。この状況の中で，２章１節で触れたように，国内に限っても，年間７万点以上の図書が出版されている。このほか，新聞や雑誌，視聴覚資料などの購入も当然必要であり，それに対して公共図書館１館あたりの資料費の額はかなり小さい。公共図書館としては，まずは資料費が増えるように努力するとともに，購入すべき資料を的確に選択することで，予算の制約ありきで利用者にとって必要な資料の購入ができないという事態を極力回避しなければならない。

一方，「学術情報基盤実態調査」[17]によれば，直近約20年間において，大学図書館全体での資料費実績額のピークは2004年度の825億8,500万円であった。調査の直近での2017年度では，その額は713億4,300万円であり，ピーク時に比べれば減少している。ただし，全体としては年度ごとに微増・微減を繰り返している状況である。

(2) 電子ジャーナルの価格の高騰

予算逼迫の状況は，電子ジャーナルに関連する経費の増大により，一層悪化しつつある。再び「学術情報実態基盤調査」によれば，大学図書館全体における2006年度の電子ジャーナルに関する経費は121億7,000万円で，それ以降毎年，右肩上がりで膨らんでいる。その結果，2017年度のその経費は，10年前の２倍弱の297億3,600万円となった。

そもそも学術雑誌については，1980年代から外国雑誌の価格が上昇するようになり，特に，オランダのエルゼビア社により刊行される科学技術関係雑誌を中心とする価格高騰によって，世界の図書館は雑誌の収集面で大きな困難に直面することになった。これが，シリアルズクライシス（serials crisis）といわれる状況である。雑誌論文が研究発表の正式の手段である科学技術分野では，出版量が年々増大し，欧米の科学雑誌の高額な購読料はさらに急激に上昇していった。そのため，わが国の大学図書館でも，資料購入費を増やしたにもかかわらず，1998年頃から，経費の不足のために一部の雑誌タイトルの継続購読が

17：文部科学省．“学術情報基盤実態調査（旧大学図書館実態調査)”．http://www.mext.go.jp/b_menu/toukei/chousa01/jouhoukiban/1266792.htm，（参照2019-05-29）．

不可能な状況が生まれるようになった。これらの背景から，当時，各館の購読タイトル数はかなり減少してしまった。

こうしたシリアルズクライシスの進行と並行して登場したのが，電子ジャーナルである。現在では，科学技術分野を中心に，学術雑誌の流通と利用に電子ジャーナルは大きな役割を果たしているが，その始まりはエルゼビア社が1990年に行った，TULIP（The University Licensing Program）という実験プロジェクトである。これは，学術雑誌の各ページの画像をCD-ROMに記録して提供する試みであり，論文の本文とそれを検索するための索引（index）とが機能的に密接に結びつくことで，利便性が格段に向上することを示した。1995年前後からは，エルゼビア社以外の大手の学術出版社も電子ジャーナルの提供を開始し，利用可能なタイトルは急増していった。

電子ジャーナルの導入により，論文の全文を探して閲覧する際の利便性は格段に向上し，図書館に行かずとも，研究者は自分の机の上でそれをすべて行えるようになった。すなわち，現在では，インターネットを経由して当該電子ジャーナルのウェブサイトにアクセスすれば，そこから論文の全文をダウンロードすることが可能である。それにつれて，大学図書館は，雑誌を収集保存して閲覧に供する場所から，電子ジャーナルやデータベースとの契約を行い，そのサービスを提供する機関へと変化した。特に，研究図書館（research library）としての役割を担う大学図書館では，その傾向が顕著である[18]。

しかし，電子ジャーナルを利用する場合，「もの」としての雑誌を買うわけではないので，予算の制限等の理由から契約を打ち切ると，既刊号（back number）を含めて図書館には何も残らないリスクが発生する。このような状態は文献の遡及（そきゅう）的な利用を必要とする研究に障害をもたらすことになり，研究図書館の基本機能が電子ジャーナルの提供側によって制約されてしまうことを意味している。

加えて，紙媒体での学術雑誌がそうであったように，電子ジャーナルの価格も年々高騰していき，図書館の予算を圧迫するようになった。また，電子ジャ

18：学生の教育に重心をおく「学習図書館」と，「研究図書館」とを区別することがある。もちろん，学習図書館においても電子ジャーナルの導入は重要である。

ーナルの契約交渉も，個々の図書館にとっては，大きな事務負担である。こうした状況に対処するために，複数の図書館が共同で出版社との交渉や契約にあたり，値上げ率を抑えるしくみが生まれた。これがコンソーシアム方式である[19]。日本でも，2000年に国立大学図書館協会コンソーシアムが，また，2003年には公私立大学図書館コンソーシアムが結成され，国内各大学における電子ジャーナル契約タイトル数の大幅な増加といった成果を上げた。

その後，継続的な情報収集や，この種の業務のスキルの継承，両コンソーシアム間の連携やスケールメリットなどについての課題も明らかになってきた。そのため，2011年4月には，両コンソーシアムの合同により，新たに，大学図書館コンソーシアム連合（Japan Alliance of University Library Consortia for eResources：JUSTICE（ジャスティス））が発足した。このコンソーシアムは，電子的な情報資源（電子リソース）の共同購入のための交渉の強化や，ナショナルコレクション（national collection）[20]の拡充，電子リソースの長期保存とアクセス保証，電子リソースの管理と提供，人材の提供などを取り組むべき課題として掲げ，電子ジャーナルなどの学術情報を安定的かつ継続的に提供するための活動を行っている。なお，シリアルズクライシスへの対策としては，コンソーシアム活動だけではなく，オープンアクセス，機関リポジトリ（後述）からの発信も重要である。

(3) 学校図書館の状況

学校図書館については，文部科学省がその充実をはかるため，「学校図書館図書標準」[21]を設定し，公立義務教育諸学校の学校規模に応じた蔵書の整備目標を定めている。現在，第5次「学校図書館図書整備5か年計画」（2017年度～21年度）に伴う地方財政措置が確定し，その規模は5か年で合計約2,350億

19：米国のオハイオリンク（オハイオ州の大学図書館コンソーシアム），英国の全国電子サイトライセンス・イニシアティブなどが初期の例である。

20：これは，本来，生物や植物などを包括的に保存し，次世代に継承することを目的とした国レベルでの取り組みに対して使用されてきた用語である。ここでの継承の対象は「学術雑誌とその内容」となる。

21：文部科学省．“学校図書館：学校図書館基準”．http://www.mext.go.jp/a_menu/sports/dokusyo/hourei/cont_001/016.htm，（参照2019-05-29）．

円である。これによって，小・中学校の学校図書館への新聞配備費・学校司書の配備費の増加，高等学校における図書館への新聞配備費も措置されている。

しかしながら，この予算措置は各自治体への地方交付税としてなされているため，そのまま全額が学校図書館図書整備に投入される保証がない。そのため全国学校図書館協議会が中心となって，各自治体の首長，教育委員会等へ学校図書館図書整備に向けた予算化のための活動を進めている[22]。

f．図書館間相互貸借，異なる媒体などによる利用可能性

出版量の増大や情報メディアの多様化に対処するために，複数の図書館間での分担収集や相互貸借の制度がこれまで運用されてきた。分担収集とは，あらかじめ複数の図書館で購入すべき資料の範囲を重ならないように仕分けておき，全体としてもれなく収集できるよう計画することである。これに参加した図書館間での相互貸借により，資料の利用可能性が向上することになる。

分担収集に関しては，米国のファーミントンプラン（Farmington Plan）が有名である。これは，1948年から1972年まで実施された計画であり，研究価値を有するあらゆる国のあらゆる図書やパンフレット類を，米国のどこかの図書館で収集しておき，全体で利用可能にするという目的で，米国の主要大学図書館のグループが実施した協同収集計画である[23]。

日本では，文部省（当時）が指定した国立大学拠点校における外国雑誌の分担収集制度がよく知られている。これは，以下のような分野別に九大学の拠点図書館を外国雑誌センター館に指定して，国内未収集の外国雑誌を体系的に収集・整理し，共同利用に供するというものである（1977年開始）。

〈医学・生物学系〉　東北大学附属図書館医学分館
　大阪大学附属図書館生命科学図書館
　九州大学附属図書館医学図書館
〈理工学系〉　東京工業大学附属図書館

22：全国学校図書館協議会．“第５次「学校図書館図書整備等５か年計画」が確定”．http://www.j-sla.or.jp/slanews/post-143.html，（参照2019-05-29）．

23：この計画はその後，米国議会図書館の全米収書目録計画（National Program for Acquisition and Cataloging：NPAC）に発展・解消したと考えられる。

	京都大学附属図書館
〈農学系〉	東京大学農学生命科学図書館
	鹿児島大学附属図書館
〈人文・社会科学系〉	一橋大学附属図書館
	神戸大学社会科学系図書館

この種の分担収集に限らず，大学図書館間での一般的な相互貸借を支える基盤としては，国立情報学研究所（NII）の目録所在情報サービス（NACSIS-CAT/ILL Catalog Information Service）がある。このサービスは，外国雑誌センター館を含む全国の国公私立大学図書館の多くが参加している分担目録作業の結果として形成される総合目録データベースを基盤としている。総合目録（union catalog）とは，複数の図書館の蔵書目録を合併・再編した目録を意味し，それには各資料がどの図書館で所蔵されているかの情報（所蔵情報）が付加される。NACSIS-CAT ではその種の総合目録がデータベースとして蓄積されるため，それを使っての相互貸借が可能となる。実際，その参加館は，NACSIS-ILL を利用することで，自館で所蔵していない資料の借用や文献複写の取寄せをオンラインで所蔵館に依頼できる。なお NACSIS-CAT で構築された総合目録データベースは，NII の CiNii Books で公開されている。

一方，国立国会図書館では，「図書館間貸出サービス」として，所蔵資料を各図書館が借り受けることを可能としている。登録利用者は遠隔複写申込（有料）もできるが，図書の貸出は図書館間のみで実施されている。さらに，国立国会図書館では，都道府県をまたがる公共図書館の総合目録システムを提供している（図書を対象）。これは，「国立国会図書館総合目録ネットワーク」（通称：ゆにかねっと）と呼ばれ，その試行的な運用は1994年に始まった。NACSIS-ILL のように分担目録作業が付随するものではないが，「国立国会図書館サーチ」を使って，資料がどの図書館に所蔵されているかを検索することが可能である（国立国会図書館サーチは，全国の公共図書館や公文書館，美術館などが提供する資料を幅広く検索できるシステムである[24]）。

24：その他，「国立国会図書館オンライン」などいくつかのオンラインサービスが国立国会図書館により提供されている。

学校図書館では，近隣の公共図書館から団体貸出のサービスを受けることができる。規模の大きないくつかの公共図書館では，団体貸出用の蔵書を閉架書庫に保管し，運用している。この際，当該学校の教員が図書館を訪れて，その閉架書庫から貸出を希望する資料を抽出することもある。もちろん，団体貸出を活用するとしても，学校図書館側に，少なくとも一定程度の基本的コレクションが備えられているべきである。なお，そのように貸し出された資料は，その間，当該公共図書館では利用できなくなる点にも注意が必要である。

このように図書館による分担収集や相互貸借を積極的に活用することにより，より少ない予算で，資料の利用可能性を高めることが可能である。このことは，資料選択の際に，購入以外の他の方法による資料提供の可能性をも考慮に入れるべきことを意味している。例えば，年に数回程度の利用しか予想されないような専門的な外国雑誌については，定期購読ではなく，利用が要求されるたびに，図書館間相互貸借により文献複写を取り寄せることで対応した方が，経費や書架スペースの面で効率的であると考えられる。しかし，これはあくまで相互の協力的な姿勢のもとで成立しているわけであり，最初から頼り切るのではなく，初めに自助努力ありという姿勢が必要であることはいうまでもない。

大学図書館や専門図書館において，電子資料の利用契約の際に考慮すべき点を二つ挙げておく。一つは，同じ電子資料が，複数の異なる出版社による商品から販売されていることである。例えば，当該電子資料の出版社の商品以外にも，その電子資料が，複数の出版社による電子資料をまとめて提供するアグリゲータによる商品の中にも含まれている場合がある。アグリゲータによる商品の場合，図書館が出版社ごとに利用契約を結ぶ必要がないので，結果的に手続きに要する費用は安価で済むことになる。ただし，アグリゲータと当該出版社との取り決めで，最新号が出版されてから一定期間は公開できない時期，いわゆる情報解禁日（エンバーゴ；embargo）が設定されていることもあるので，注意が必要である。もう一つは，利用契約をする電子資料の内容が，すでに所蔵している冊子体，マイクロフォーム，DVDなどの資料に含まれている場合である。電子資料を契約したからといって，直ちに既存の資料を処分するのは早計で，将来的に電子資料を解約した場合の利用がどうなるのかを，確認してから決めるべきである。

最後に，大学における機関リポジトリの構築について触れておく。機関リポジトリとは，大学における教育研究の成果物を電子的形態で管理，保存し，インターネットを通じて世界中に無料で発信・公開する電子書庫である。文部科学省が「学位規則の一部を改正する省令の施行等について（通知)」(2013年）を出し，博士論文は当該学位を授与した大学等の協力を得て，インターネットで公表することが定められ，これによって各大学の機関リポジトリ構築に拍車がかかった。日本の機関リポジトリは，その数ではすでに世界のトップクラスであるものの，登録論文の全体の約５割が，大学等が発行する紀要の掲載論文という特徴がある[25]。なお，機関リポジトリ掲載の学術論文等は，NIIの学術機関リポジトリデータベースであるIRDB（Institutional Repositories DataBase）を使って無料で検索できる。

（2）資料選択の体制・組織

資料収集方針に基づき，効果的かつ効率的な資料選択を行っていくためには，そのための体制・組織が重要になる。通常，資料選択の業務は，次節の「資料収集の実際」で解説する収集業務（発注，受入業務）とともに，テクニカルサービス部門の中に位置づけられる。大規模図書館では，選書課や収書係などと称して，資料選択や収集のための独立した課や係が設置される場合もあるが，小規模図書館では，組織上は他の業務と一緒にまとめられる傾向にある。また，資料選択のために委員会，あるいは選書会議のような会議体が設置されていることがあるが，その構成には，次のような三形態がある。

①図書館員以外で構成されている場合

②図書館員のみで構成されている場合

③図書館員とそれ以外とで構成されている場合

このうち①の事例には，大学図書館での資料購入を検討するための，大学教員のみで構成される図書委員会などがある。この委員会は実際には，大学の規

25：国立情報学研究所．“IRDB コンテンツ統計（全体)”．https://irdb.nii.ac.jp/statistics/all，(参照2019-06-01)．

模によって学部別，あるいは全学で一つの構成などとなる。教員はそれぞれの主題領域に精通し，なおかつ教育を担当しているために，学生がどのような資料を使うべきかを把握していることから，資料選択が教員主導となるのは当然である。しかし，研究や教育に多くの時間を割かれる教員が，資料選択を体系的に行う余地があるかどうかには疑問も残る。また，学問の専門化や細分化によって，限られた主題領域といえども，その全体を網羅することは難しくなってきている。こうした点を考えれば，主題領域に関する知識と図書館情報学に関する知識とを併せ持った図書館員が，コレクションの現状と予算規模を把握しながら，資料選択において積極的な役割を果たすことが大切である。

公共図書館では，貸出カウンターや移動図書館などを図書館員が順番に担当している場合，図書館員全員が，利用者の要求や読書傾向などを直接的に把握する機会をもつため，資料選択を兼務することがある。図書館員全員に，定期的に近刊案内情報誌（後述）や書店のカタログを回覧し，NDCの第一次区分（類）などで主題を分担して選書する場合もある。その際，当該資料を購入する理由，例えば「旧版を所蔵」「新聞書評への掲載」「出版者のウェブサイトの解説」「当該書架における利用度（利用者のニーズ）」などを記載すべきである。また，調整のために，上記②のような委員会，あるいはその種の会議を定期的（例えば週1回）に開催する必要がある。

上記③の事例としては，教員と図書館員の両者が参加する，大学図書館における図書選定委員会などが挙げられる。この種の会議体が構成されるのは，前述したように大学図書館での資料選択には教員の役割が大きいものの，それに加えて図書館員の力量が必要となるからである。

学校図書館や専門図書館の場合，一般的に小規模なため，独立した選書課や収書係が設置されることは少ない。また利用者も限定され，利用者と図書館はより密接に結びついているといえる。したがって，当該利用者の代表等が委員会などの組織を通じて，資料選択作業に参加することが望ましい。学校図書館であれば，教員の代表者（各学年代表，各教科代表など）と司書教諭，学校司書などからなる委員会がそのための組織であり，企業内の専門図書館（あるいは資料室）であれば，各部署の代表者と図書館の担当者とからなる委員会を構成することが考えられる。

(3) 資料選択のための情報源

資料選択に必要な出版や販売に関する情報を得るには，さまざまな情報源を用いる必要がある。現在では，多くの出版社などがそれぞれのウェブサイトを通じて，新刊・既刊情報を発信している。また，希望する読者にメールマガジンとして，出版情報などを定期的に案内することもある。加えて，それぞれの関心領域についての最新論文を継続的に知りたい場合，あるいは特定の雑誌の目次を毎号確認したい場合に，電子ジャーナルの提供サイトで利用者登録を行い，条件を設定しておくと，それに合致した最新情報を電子メールで受け取れるメールアラート機能などもある。さらには，出版社と読者，読者と読者とが双方向でコミュニケーションできるSNSによる情報交換の場も活用されている。

こうした出版側からの情報は，情報源全体の一部分に過ぎないことを認識し，情報源全体を見渡したうえでの，もれのない情報収集に努めなければならない。すなわち，資料選択を十分に行うためには，インターネット上の情報に限定することなく，冊子体の情報誌，さらには取次（4章参照）や書店の担当者，利用者との情報交換を密にし，あらゆる方向にアンテナを伸ばして，常に情報収集することが重要である。以下，それらのうち代表的な情報源を挙げ，解説する。

a．図書に関する情報源

現在わが国では年間7万点を超える新刊書が出版されているが，これらの出版情報としては次のようなものがある。以下に順に説明を加える。

①出版情報誌（速報性の高いもの）

②出版社の出版案内

③書店の在庫案内

④書評

⑤全国書誌，販売書誌などの書誌，目録類

⑥事例データベース

(1) 出版情報誌

出版情報誌としては，次の4誌が有用である。

- 『週刊新刊全点案内』 図書館流通センター 1976年～ 週刊

  前の週に発行された新刊図書を案内する，公共図書館向けに特化した情報誌。

- 『トーハン週報』 トーハン 1992年～ 週刊（継続前誌：『東販週報』1957～1991年）

  取次会社のトーハンから販売企画や商品の最新情報を紹介し，全取引書店に無料配付している情報誌。なお，日本出版販売株式会社が商品調達できる，国内の約3,500の出版社（地方出版社を含む）から出版された新刊図書の書誌情報を掲載した図書館向け案内誌であった『ウィークリー出版情報』（ISSN 0286-6609）（1982年創刊）は，1720号（2017年3月4週号）で終刊した。

- 『これから出る本』 日本書籍出版協会 1976年～ 半月刊

  日本書籍出版協会に加盟している出版社の近刊情報を掲載している。書誌事項だけではなく，内容についての短い紹介や，対象読者層も付されている。出版前に事前注文を集める目的で創刊された。

- 『新刊急行ベル』 図書館流通センター

  同センターが独自に開発・運営しているシステムで，ベストセラーをはじめ，発売後では入手が難しい図書など，出版者・取次店と協力してより早く・確実に届けることを目的としている。掲載する図書は，公益財団法人図書館振興財団が主宰する「新刊選書委員会」からの意見をもとに選定している。

これらの出版情報誌は，出版された図書の速報を目的としているので，新刊情報を入手する際に利用する。いずれも排列は，基本的にはNDCに基づいており，書誌情報として，書名，副書名，著者名，出版地，出版者，出版年，形態，価格，シリーズ名，ISBNなどが掲載されている。

次に，学校図書館向けには，次の2誌が有用である。

- 『学校図書館速報版』 全国学校図書館協議会 1952年～ 半月刊

全国学校図書館協議会が学校図書館向けに選定した図書を，読者対象（幼児，小低，小中，小高，中学，高校，高校（職業），教師）を付して収録している。なお，同書の年刊累積版が『学校図書館基本図書目録』であったが，2013年（2014年発行）で休刊となった。

• 『TRC 基本在庫カタログ』 図書館流通センター　年刊

新刊・ロングセラーを含む児童向け図書を紹介する総合目録である。約250社の出版社からシリーズ図書・単行本あわせて約3,000タイトル（約10,000冊）を掲載している。

⑵　出版社の出版案内

出版社から出版案内として出されるPR誌は，当該出版社の近刊・新刊情報の宣伝などを目的として発行される定期刊行物である。丸善の『學鐙』，岩波書店の『図書』，有斐閣の『書斎の窓』，講談社の『本』，新潮社の『波』，みすず書房の『みすず』，東京大学出版会の『UP』がその例として挙げられる。発行頻度は月刊から季刊，本体価格は無料から300円ほど（１冊）で購入することができる。中でも丸善のPR誌『學鐙』は，1897(明治30)年に創刊し，現在まで継続しているわが国最古のPR誌である。発行形態は，冊子体での発行とウェブサイトからの提供という２種類の方法を継続している出版社もあれば，これまでの冊子体のPR誌を終刊・休刊してウェブマガジンに統合した出版社もある。ウェブサイトにおける情報は，目次情報のみのものもあれば，全文が読めるもの，あるいは一部の記事についてのみ全文が読めるものがある。

⑶　書店の在庫案内

図書館には地元の書店からのカタログやチラシが届くため，それらの情報を確認することも必要である。また，以下のような書店のウェブサイトも重要な情報源である。

• 紀伊國屋書店　https://www.kinokuniya.co.jp/

和書，電子書籍，洋書，雑誌，視聴覚資料（DVD，CD）など豊富な品揃えである。

• 丸善書店　https://www.maruzenjunkudo.co.jp/maruzen/top.html

新刊・話題書やランキングなどの情報を提供している。また丸善やジュンク堂書店，文教堂が参加している honto では，それらの書店の在庫検索が可能となっている。なお，図書館向けの電子書籍に関して，学術機関向け電子書籍提供サービス「Maruzen eBook Library」は有用である。
http://kw.maruzen.co.jp/ln/ebl/ebl_01.html

• 亜東書店　https://www.ato-shoten.co.jp/index.php/index.html
　中国，台湾，香港，韓国からの輸入図書を販売しており，中国語の図書を購入する際の情報源として有用である。
• 高麗書林　http://www.komabook.co.jp/index.php
　わが国で最大規模の韓国書籍専門店によるウェブサイトで，韓国語資料を購入する際の貴重な情報を提供している。

(4)　新聞の広告

新刊図書を知るためには，新聞に掲載される広告が役に立つ。全国紙・地方紙などの新聞は多くの人々の目に触れることから，利用者の関心が喚起され，図書館への要求につながることも少なくない。

(5)　書評

書評は通常，その主題に関する専門家が，図書の内容や構成を紹介し批評を加えているので，資料選択にとって有用な情報源である。資料1点ごとに目をとおす労力や時間がない場合や，その主題に関する知識が十分にないような資料の評価を行う際には，書評が大きな助けとなる。全国紙をはじめとする多くの新聞や雑誌には，定期的な書評欄が設けられている（特に日曜日の朝刊）。これらの書評は主に新刊書を取り上げており，その有効な選択手段としている図書館も多い。また，各種のウェブサイトで書評が掲載されることもある。書評に関する情報源には，以下のような書評紙（誌）や，専門雑誌の書評欄，書評索引などがある。

• 『図書新聞』　図書新聞社　1949年～　週刊
　ウェブサイトでは「書評検索」画面が用意されている。ただし，ウェブサイトでの書評本文の閲覧は定期購読者のみである。
• 『週刊 読書人』　読書人　前誌である『全國出版新聞』『讀書タイムズ』を経て1958年～　週刊

「書評ナビ」での検索後，無料でダウンロードできるようになっている。

- 「書評に載った本」[26]

2010年12月以降，全国紙の書評に掲載された情報，図書約５万点を検索できるデータベースになっている。

- 「All REVIEWS」[27]

著作者の同意を得られた書評について検索できるデータベースである。

なお，書評の活用には，次のような書評の特性を把握しておく必要がある[28]。

①収録範囲……全出版物の一部を書評しているにすぎない。

②時間的な遅れ（タイムラグ）……学術的な書評には時間を要することが多く，書評の掲載までに刊行から１年以上かかる場合もある。

③関連図書との比較……書評の読み手として図書館員を対象としているわけではなく，同一分野または関連分野の他の図書との比較検討，あるいは同一著者の他の著作との比較検討をしている場合が少ない。

④書評者……書評には匿名のものがあり，書評紙（誌）自体が高く評価されているか，商業主義的でないか，信頼できるかなど，注意する必要がある。

(6) 全国書誌，販売書誌

全国書誌とは，その国で刊行されたすべての出版物を網羅的に収録したリストであり，これにより，どのような図書が実際に出版されているかを調べることが可能である。一方，その時点で販売されている資料を包括的に収録した書誌が販売書誌で，これを使って現在の購入の可否を推測できる。いずれも速報性にはやや劣るが，資料選択には有用なツールである。

- 全国書誌データ　国立国会図書館

国立国会図書館では，法定納本制度に基づく納本と，納本以外の方法（購入，寄贈等）で収集した国内発行の出版物，および外国で発行された日本語出版物について，その標準的な書誌情報を広く国の内外に速報するための書

26：版元ドットコム．“書評に載った本”．https://www.hanmoto.com/shohyo/，（参照 2019-06-02）．

27：ノエマ（鹿島茂事務所）．“ALL REVIEWS”．https://allreviews.jp/about/，（参照 2019-06-01）．

28：河井弘志編．蔵書構成と図書選択．新版，日本図書館協会，1992，p.217-218.

誌を作成している。1948年創刊の『納本月報』に始まり，以後，『国内出版物目録』（1949年），『納本週報』（1955年），『日本全国書誌週刊版』（1981年），『日本全国書誌』（1988年）と改題され，冊子体で提供されてきたが，2002年にはウェブサイトでの提供も開始された。その後，2007年６月に，冊子体の『日本全国書誌』が刊行終了となり，ウェブサイトのみでの提供となっていたが，2012年１月，それも終了した。現在では，「国立国会図書館サーチ」の外部提供インターフェース経由で抽出した書誌データを，図書館システム（データベース）に登録して目録作成に利用できる。書誌データの検索・取得ができるツールも用意されていて，一般的な文献目録の作成も可能である[29]。

- 『ブックページ＝Book page 本の年鑑』 日外アソシエーツ編 1988～ 年刊

　１年間に発行された新刊図書について，書名，著者名，出版事項などの書誌情報のほか，目次，内容の要旨，小説のあらすじなどが記載されている。図書は，テーマ別に約1,000項目の見出しのもとに，五十音順で並べられている。2005年からは２分冊となった。なお，このデータをもとに「BOOKデータベース」がトーハン，日本出版販売，紀伊國屋書店，日外アソシエーツの四社で共同構築されており，NIIの「Webcat Plus」における収録データの一つにもなっている。

- 『出版年鑑』 出版年鑑編集部 年刊（2018年版で休刊）

　『出版年鑑』（出版ニュース社，1951～，年刊）と『日本書籍総目録』（日本書籍出版協会，1977～2001年，年刊）とはかつて独立して刊行されていたが，2002年からは，後者のみCD-ROM版となりセット販売になった。その後，2005年に『日本書籍総目録』は廃刊となり，『出版年鑑』単独での刊行となった。２分冊構成で，第一巻は，資料・名簿編（年間史，法規・規約，統計・資料，出版社・名簿，『出版ニュース』縮刷版），第二巻は，目録・索

29：国立国会図書館．“全国書誌データのご案内：使ってみよう！国立国会図書館の書誌データ”．https://www.ndl.go.jp/jp/data/data_service/data_service_pamphlet.pdf，（参照2016-06-02）．

引編（書籍目録，雑誌目録，オンデマンド出版目録，オーディオブック目録，索引）である。目録・索引編には新刊書の網羅的なリストが掲載されていて便利であったが，『出版年鑑』自体が2018年版をもって休刊となった。

⑺ 事例データベース

学校図書館向けに公開されている事例としては，以下のものがある。

• 「先生のために授業に役立つ学校図書館活用データベース」[30]

学校図書館向けに，東京学芸大学学校図書館運営専門委員会が公開している。このウェブサイトは，文部科学省のプロジェクトとして始まり，学校図書館を使った授業の指導案や，テーマ別のブックリストが掲載されていて参考になる。なお，ブックリストのテーマは小学生から高校生までを対象とし，五十音順になっているが，2019年６月現在で110を数えている。

b．雑誌・新聞に関する情報源

雑誌に関する情報源は，図書に関して紹介したものの中にもいくつか含まれている。ここでは特に雑誌に限定したものを挙げておく。

• 『雑誌新聞総かたろぐ』メディア・リサーチ・センター 1979年版〜 年刊（2019年版で休刊）

国内で刊行中の定期刊行物，約16,000誌以上の情報を掲載している。それらは273の分野ごとに整理され，その発行部数，広告料金，媒体内容，国立国会図書館での請求記号などを知ることができる。さらには約10,000以上の発行社の住所，電話番号，URL も収録している。そのほか，巻末には，創刊リスト，改題リスト，休刊リスト，削除リストが掲載されている。

• 穂高書店 http://www.hotakabooks.com/c385.html

世界の新聞・雑誌（60カ国，686タイトル）に対する定期購読やバックナンバー購入のための輸入代行もしており，便利である。

c．視聴覚資料に関する情報源

視聴覚資料に関する情報源も，図書に関して紹介したものの中に含まれてい

30：東京学芸大学学校図書館運営専門委員会．“先生のための授業に役立つ学校図書館活用データベース”．http://www.u-gakugei.ac.jp/~schoolib/htdocs/?page_id=13，（参照2019-06-04）．

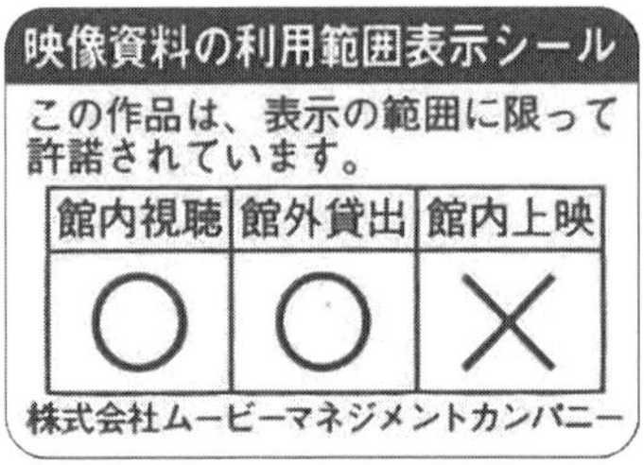

3-7図 図書館向け映像資料（著作権承認済）に利用範囲を表記した事例（提供：㈱ムービーマネジメントカンパニー）

る場合があるが，ここでは特に視聴覚資料限定のものを挙げておく。なお，対象となる視聴覚資料の記録メディアは，主としてDVDである。

- 『図書館用新作カタログ』 ムービーマネジメントカンパニー　隔月刊

DVD，ブルーレイ等の作品で図書館へ提供される映像資料（著作権処理済）のカタログである（ウェブサイトでも利用可能）。カタログへの掲載作品はすべて，図書館で個人への館外貸出ができるように著作権処理が済んでいる。現物には利用範囲（館内視聴，館外貸出，館内上映）の可否を表記したシール（3-7図）が貼られた状態で提供されており，わかりやすく便利である。

- 『新着AV』 図書館流通センター　年5回刊

図書館向けに著作権者から使用承認を受けたものを掲載している。また，年1回発行の『著作権承認済　TRC映像資料目録』では，リクエストの高い資料を中心としたDVD約3,300点が掲載されている。

d．古書に関する情報源

入手が困難な資料として，絶版，品切れになった図書があり，これらに古典籍を含めて「古書」と呼ぶ。古書店での販売方法としては，店頭販売や展示即売会，通信販売などがあり，代表的な情報源は以下のものである。

- 『日本古書通信』 日本古書通信社　1934年～　途中1941～1944年は『読書と文献』に改題　月刊

古今東西のあらゆる書物や，古書探求にまつわる話題をはじめ，各地で発行された特殊文献の紹介，古書即売会などのイベント情報，書物に関する展覧会情報，全国の古書店の通信販売目録などを掲載している。

また，インターネットによる古書の通信販売が利用されることも多くなってきた。利用者にとっては，古書店巡りの時間が節約できること，目的の資料が複数の古書店で販売されていれば，値段の比較が容易にできることなどのメリットがある。古書店側には，通信販売に載せることで在庫整理が進むなどの利点があり，書店の若い後継者はパソコンに抵抗がないので事業として取り組みやすい状況にあるといえる。代表例に，東京都古書籍商業協同組合の「日本の古本屋」サイトがある[31]。

3．資料収集のプロセス

（1）資料入手の方法

資料の入手には，購入，契約，寄贈，交換，寄託，会員加入，納本などの方法がある。以下に個別に説明する。

a．購入

図書館が収集する資料の大部分は商業出版物であり，これらは書店や出版社から購入する場合が多い。なお，出版社から出版物を集め，それを書店に届ける役割を担っている組織（会社）を取次と呼ぶ（詳しくは4章参照）。すなわち，多くの出版物は，「出版社 → 取次 → 書店」という経路で図書館に届くことになる。ただし，直接販売の図書については，発行元から直接購入しなければならないこともある。また，大手の取次会社が扱わないような地方出版物は，地方・小出版流通センターなどを経由して購入しなければならない。なお，最近ではネット通販（インターネット通販）を利用して，図書を購入する場合もある。

取次や書店からの購入方法には，購入図書の書誌事項を指定して発注する方法と，「見計（みはか）らい」による方法とがある。「見計らい」では，取次や書店から図書館に持ち込まれた資料の現物をみて，購入図書を選択する。また，事前に主題や出版社などの範囲を決めておき，それに該当するすべての図書を自動的に納入してもらう方法もある（返本はできない）。これは，ブランケットオーダー（blanket order）と呼ばれる。ブランケットオーダーは，資料選択業務の省力

31：東京都古書籍商業協同組合．“日本の古本屋”．https://www.kosho.or.jp/，（参照2019-06-04）．

化・効率化につながるものの，取次や書店側の情報収集能力と選択能力に依存する部分が大きいので（このことは見計らい方式にもあてはまる），あくまでも補助的な手段として活用すべきであろう。そして，活用する際には，継続的な評価が重要である。

b．契約

大学図書館では，電子ジャーナル，電子書籍，データベースをはじめ，各種デジタル情報資源に対して積極的に利用契約を結び，利用者に提供する必要がある。例えば，電子ジャーナルについては，大学図書館コンソーシアム連合（JUSTICE）による主な出版社との価格交渉が毎年夏までに実施されている。その後，そこで折り合いのついた値上げ率をベースに，JUSTICE 加盟の各館が出版社と最終的に個別交渉を行って，翌年1年分，あるいは複数年分の一括契約を結んでいる。

著作権保護の期間内である電子書籍は，ライセンス数（同時閲覧数・貸出回数）や貸出期間などを限定して，オンラインで提供される。大学図書館においては通常，和書よりも洋書についての契約のほうが多い。契約方式に関してはDDA（需要主導型購入方式）が注目を集めている。これは，まずは利用者がOPAC を通じて必要とする電子書籍を選ぶと，その印刷ページ数・閲覧ページ数・ダウンロード数などの需要実績が図書館側に通知され，図書館員がその内容や提供元などを確認・調整したうえで購入を決めるという方式である。この方式を提供する事業者には，海外の電子ジャーナルを出版する大手学術出版社が多い。大学図書館では，利用者がいつか使うことを想定して所有しておくという「Just in Case」方式が主流であったが，DDA のように，必要な資料を必要な時に収集する「Just in Time」方式に部分的に移行しつつある。

公共図書館向けあるいは大学図書館向けの和書の電子書籍サービスについては，現状では10社程度の国内事業者が提供している。契約方法としては「単品買い切り型」や「年間購読型」，当該出版社等のシステムを利用するための料金を支払う形の「プラットフォーム利用料支払い型」がある。これらに加え，前述したDDA を組み込む方式も使われている。なお，公共図書館では各自治体単位での契約がほとんどであるが，中には複数の自治体による広域連携による契約事例もある[32]。

データベースについては，一定期間無料で試用（トライアル）が可能な場合があり，トライアル・サービスを経て，最終的な契約を結ぶ方法も広く使われている。

c．寄贈

寄贈には，図書館側から寄贈を依頼する場合と，図書館からの働きかけなしに一方的に送られてくる場合とがある[33]。以下，その典型例を列挙する。

- 官公庁や各種の団体，企業等が，国民，県民，市民や関係者への周知のために配布するもの
- 著者（団体）の好意から，あるいは著者（団体）が自己の学説・主張を広めるために贈るもの。代表的な事例として，大学の研究成果を掲載している「紀要」の寄贈が挙げられる。
- 出版社（発行所）または個人が，宣伝のために送付するもの
- 個人のまったくの好意，あるいは蔵書処分によるもの

こうした形で寄贈を受けたときには，図書館は前述の資料収集方針に照らして，受け入れの可否を判断することが必要である。

一方，図書館側からの寄贈依頼は，地域資料や学術資料で非売品のものを入手するときなどに行われる。一般に，寄贈以外では入手できない資料は部数も少なく，その存在を把握すること自体が難しい。しかし，中には資料価値の高いものもあるので，担当者は各種の情報源に気を配り，迅速に対応しなければならない。

d．交換

交換は，商業的に流通しない非売品の資料などを入手するための方法であり，国の間での文化交流の意味もある国際交換については，国立国会図書館が活発に実施している。具体的には，国立国会図書館では，包括交換，特定交換，選択交換，の三つの形態で官庁出版物の国際交換を行っている[34]。包括交換は，

32：たつの市・穴栗市・上郡町・佐用町．“播磨科学公園都市圏域定住自立圏電子図書館”．https://www.d-library.jp/haritei/g0101/top/，（参照2019-05-08）．
33：河井弘志ほか編．蔵書構成と図書選択．日本図書館協会，1983，p.171-172.

日本と相手国の政府間での取り決めや，国立国会図書館と相手機関との取り決めに基づき，主要な官庁出版物を包括的に交換するもの，特定交換は，交換資料がより限定されるもの，選択交換は，海外の図書館・大学・研究機関などと，特定資料に関して個別的に交渉して交換するものである。

e．寄託

団体・機関・組織などが，その発行する資料の利用を促進するために，それらを特定の図書館に預けることを寄託という。寄贈と似ているが，寄託の場合には，通常，所有権は移転しない。アメリカにおける官公庁出版物の寄託図書館制度（官公庁出版物を州立図書館などに寄託する制度）が有名である。また，日本には，国際連合の出版物を一般公開する寄託図書館が，全国に14カ所ある[35]。

f．会員加入

会員制の学会や協会が発行する機関誌や論文誌，年報類は，一般には市販されず，会員のみの限定頒布が普通である。図書館がこうした出版物を入手するには，図書館自体が機関会員として加入し，年会費を納入するのが一般的である。多くの学会や協会などでは，個人会員のほかに，この種の機関会員や賛助会員を設定している[36]。

g．納本制度

わが国では，出版物は必ずその一部を国立国会図書館に納入することが国立国会図書館法で義務づけられており，この納本制度が完全に機能すれば，国内出版物はすべて収集され，それらに対する書誌情報が作成されることになる（それによって日本の出版物に対する書誌調整が完遂される）。ただし，残念ながら，すべての出版物が納本されているわけではない。

34：国立国会図書館．“資料の国際交換”．https://www.ndl.go.jp/jp/international/exchange/index.html，（参照2019-05-08）．

35：国際連合広報センター．“日本にある国連寄託図書館”．https://www.unic.or.jp/links/depository_libraries/（参照2019-08-13）．

36：例えば，日本図書館協会の会員には正会員として，個人会員，施設会員，団体会員，そのほか準会員，賛助会員がある。日本図書館協会．“入会のご案内”．http://www.jla.or.jp/membership/tabid/270/Default.aspx，（参照2019-05-08）．

国立国会図書館以外でも，この納本制度に類似した仕組みを導入して，特定領域における網羅的な資料収集を図ることが可能である。具体的には，県立図書館と県との間における行政資料の納入の取り決め，大学の所属教職員の出版物をその図書館に寄贈する取り決めなどがその例として挙げられる。

（2）資料収集の実際

収集業務の基本的な流れについては，3-4図に示したとおりである。ここでは，この図における「収集プロセス」について，その業務を説明する。

a．書誌データ確認・重複調査

収集業務は，まず，収集すべき資料の書誌情報の確認・確定から始まる。そのためには，何らかの検索システムを活用する。例えば，前述の「国立国会図書館サーチ」はそのシステムの候補である。大学図書館の場合には，NIIの目録所在情報サービス（NACSIS-CAT/ILL）が便利である。NACSIS-CATで構築した総合目録はCiNii Booksから無料で検索できる。

これらの検索システムから得られる書誌情報はMARC（機械可読目録）用のデータとして完成度が高く，その種のデータがこの段階で得られていれば，その後の重複調査や発注，納品後の目録作成などの作業が効率的となる。一方，この段階で十分な書誌情報を入手できなかった場合には，発注業務の担当者が独自に簡易書誌情報を入力して，重複調査や発注に利用せざるをえない。その場合，納品後の目録作成時に，当該資料のより詳細なMARCデータが見つかれば，その書誌情報を先に独自入力した簡易書誌情報と置き換える。また，この段階でも，該当のMARCデータが見つからない場合には，現物を参照して，先に独自入力した簡易書誌情報の修正・拡張を行うことになる。

書誌情報の確定に続き，自館の所蔵，およびその時点で発注中の情報を検索し，重複の有無を調べる必要がある。もしその図書館の目録データの遡及（そきゅう）入力が完了していない場合には，OPACだけでなく，目録カードや冊子体目録などの検索も必要になる。この結果として重複が発見されれば，1タイトル1冊（点）の購入が原則なので，その後の処理はキャンセルされる。ただし，特別な理由により（2カ所以上に排架した方が望ましい．利用頻度が高いなど），複本として，あえて重複購入することもある。なお，前述のDDAでの需要実績に基づく際には，利用者が当該資料の冊子体での所蔵を確認していない可能性があるため，この点での重複確認が必要である。

b．発注

重複調査を終えた資料については，日常的に発注している種類のものならば，普段，依頼している書店に発注すればよい。一方，特殊な資料の場合には，入手先や価格，入手方法などを調査・検討しなければならない。発注作業には，支出財源の決定・確保，書店の選択，発注の実施という作業が含まれる。発注には，都度（つど）発注と継続発注とがある。都度発注とは，図書の発注のように，購入の決定ごとに，それぞれ別個に発注することであり，通常，発注件数の多くを占める。

これに対し，継続発注（standing order）とは，多巻ものやシリーズを継続的に購入する場合に，入手先の書店などとあらかじめ契約しておき，終刊やキャンセルがない限りは，自動的に発注・納品されるシステムである。資料の集合を一括して購入する点では，上で述べたブランケットオーダーと似ている。

c．検収

発注した資料が納品されたら，検収を実施する。検収には主として二つの観点がある。一つは，発注した資料と現物とが一致しているかの確認である。その際，納品書や請求書などの書類が含まれている場合には，それらも確認する。もう一つは，納品された資料の状態の確認である。すなわち，落丁や乱丁，汚れなどの有無をこの段階で調べる必要がある。

d．受入記録

検収の結果，問題がなければ発注情報に受入記録を入力・更新する。ここでの主な入力項目は，取得価格や納品日等である。なお，発注時に書誌情報として十分なMARCデータを入手できなかった場合には，この段階で再度，検索を行い，ヒットすれば発注時の書誌情報を置き換えることが多い。

e．登録

通常，受入記録の更新時に，当該資料が図書原簿に登録され，その登録番号が決定される。そして，当該登録番号が記載されたバーコード等を資料表紙等の所定の位置に貼り付ける。図書原簿への登録によって，資料（図書）はその図書館の所有物（財産）となる。

f．支払・後処理

最後に，購入先への支払手続きを行う。そのほか，発注後に長い間未納になっている資料がある場合，発注先への督促や，発注の取り消し，他の書店等への発注が必要になることもある。また，利用者からの購入希望リクエストの場合には，当該利用者への連絡，あるいは不要な資料や欠陥資料が送付されてきた際には，その返品や交渉なども行わなければならない。

4．資料の蓄積・保管のプロセス

(1) 装備

資料は，整理された後，装備という作業工程を経て，排架される。具体的には，資料へのバーコードラベルや請求記号ラベルの貼り付け，あるいはフィルムコーティング等がなされ，その結果として，利用のみならず，資料の財産管理や蔵書管理，貸出や返却の手続きでの管理が容易になる。以下，個別に説明する。

a．バーコードラベルの貼り付け

図書館システムを導入している図書館では，通常は資料の表紙の下部にバーコードラベルを貼る。ラベルの構成としては，上の行に図書館名，中央の行にバーコード，下の行に数字が記載されている場合が多い（3-8図参照）。資料を管理するための番号をバーコードラベルとして貼り付けておき，貸出・返却等の手続きでは，この番号をバーコードから読み取ることによって処理を進める。なお，近年ではバーコードラベルとICタグを一体化したものも使われている。ICタグとは，RFID（radio frequency identification）の一種で，電波を受信して作動する装置であり，図書館でのブックディテクションシステム（後述）のほか，一般的な商品管理でも使用されている。

3-8図 バーコードラベル（図のバーコードはICタグと一体化している）
（提供：㈱図書館流通センター）

b．請求記号ラベルの貼り付け

請求記号が記されたラベルを，資料の背の下部に貼る。請求記号は排架場所を示すもので，通常，3段ラベルが使用される。例えば，1段目に当該図書のNDCの記号「010」，2段目に著者記号「か」，3段目に通し番号「4」を記載するならば，請求記号は「010/か/4」となる。このラベルの書き方に従って図書を排架すれば，同一の主題をもつ図書（同一のNDC記号をもつ図書）が書架上に集まることになり，書架上で図書を探す場合に便利である。なお，1段目に配置記号（和書・洋書・レファレンスブック・開架・閉架の区別など）を記載するなど，図書館によって，このラベルの使い方が異なることもある。

c．磁気テープの装着

資料の盗難防止のためにブックディテクションシステム（資料持出防止装置，book detection system：BDS）を設置している図書館も多い（特に大学図書館）。BDSを有効にするには，資料のいずれかの場所に，磁気テープやICタグを装着する必要がある。これを使って，貸出処理を経ずに館外へ資料を持ち出そうとした場合にBDSでそれを検知することが可能になる。この結果，利用者の退館時でのチェックの手間を減らしつつ，資料の亡失防止が期待できる。利用者にとっても，図書館内に自分のカバン等の荷物を持ち込んだとしても，退館する際にチェックを受ける必要がないという利点がある。欠点としては，BDSの導入や維持のための経費や，磁気テープやICタグを貼り付けるための費用と作業の手間がかかることが挙げられる。

d．ブックコーティング

上記a～cの装備を施した資料の表紙を透明なビニールカバーでくるむ場合があり，ブックコーティングとも呼ばれている。その利点は保存性が高まり，汚損・破損を防ぐ効果をもつことである。欠点としては，資料へ貼り付けるフィルムの費用と作業の手間がかかることが挙げられる。なお，表紙全体ではなく，請求記号ラベルを保護するために当該部分のみに貼り付ける場合もある。

これらの装備業務を外部に委託している公共図書館は多い。委託内容は図書館ごとに異なるが，多くの場合，当該資料の MARC データと併せて，ここでの a ～ d，すなわちバーコードラベルと請求記号ラベルを貼り付け，磁気テープとフィルムの装着を施した資料を図書館に納品してもらう。これらの業務委託費用は，資料の購入費に加算されるが，図書館内で実施する際の資材費と人件費と比較して，その費用対効果は高い。

（2）製本

利用や保存を目的として，種々の製本が図書館にて行われている。これは，冊子体の資料にとっては必須である。特に雑誌の場合には，一冊一冊がソフトカバー（仮綴じ）で作られているので，そのままの状態で保存すると，表紙などが破損し，反(そ)ってしまうことがある。また，形態的に薄い場合が多いので，紛失しやすい。雑誌は一冊でも紛失すると，それを後日再購入することは非常に困難である。こうした問題を解決するために，雑誌を巻号単位や特定期間ごとにまとめ，ハードカバーの表紙をつけて綴じ合わせ，合冊形態とする。これが製本である。

これには，利用者にとっては，求める雑誌が探しやすくなるという利点もあるが，合冊したために厚く，かつ重くなるので，閲覧のための運搬が困難になるという短所もある。一方，図書館にとっては，上記の保存の観点以外にも，製本によって排架しやすくなり，書庫管理が容易になるという利点がある。

通常は，製本は図書館内では行わず，製本業者に発注する。雑誌が製本されて戻ってくるまでに，一定の期間（例えば1カ月など）がかかり，その間，当該資料は閲覧できなくなる。そのため，利用者にあらかじめ周知しておくことが望ましい。OPAC では「製本中」を表示し，併せて，当該書架への掲示案内，ホームページでのお知らせ等，利用者に広報することが大切である。

なお，破損などの理由から，すでに製本されているものを再度製本し直す場合もある。最近では，創刊号にまで遡って電子化される電子ジャーナルも多く，紙媒体からの複写（コピー）は減少傾向にある。そのため，複写による破損事例も少なくなることが予想され，これは，資料保存の観点からは望ましい傾向である。

(3) 排架

排架（shelving）とは，資料を指定の場所（通常，書架上の特定の場所）に配置することである。排架の原則は，請求記号などに従って，書架の一番上の棚から順に，左から右に並べることである。ある棚とその横の棚との間の継続性はない。したがって，一つの棚への排架が右側まで終われば，その下段の棚への排架に移る。このように縦に連なる棚を総称して「連（れん）」と呼ぶ。通常の書架であれば，成人の身長を考慮して，一連は６段から７段くらいの規模になっている。連の一番下の棚の右端まで排架が済んだら，次は右隣の連の最上段の左端にその続きが排架される。連が並んだ書架を総称して「面（めん）」と呼ぶ（3-9図参照）。なお，一段の幅が約90cm の棚の場合，30冊から40冊の収容冊数となる。

a．排架の機会

排架は，次のような時に行われる。

- 新着図書の整理，装備が終わった時（ただし，最初に新着図書としての展示がなされる場合にはその展示期間終了後）

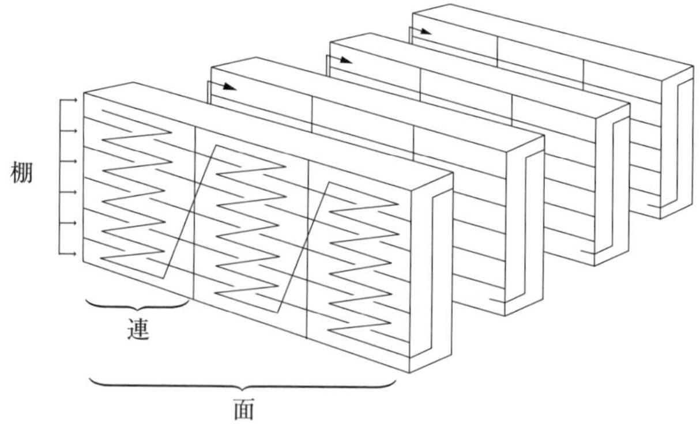

3-9図 書架の構成と排架の順序

- 返本台を設置している図書館で，利用者が閲覧・複写を終えた資料をそれらに戻した時
- 利用者に貸し出されていた資料が返却された時（カウンターに返却する場合と，閉館時のブックポストに返却する場合とがある）
- 他の図書館に相互貸借で貸し出していた資料が返却された時
- 他の図書館からの文献複写依頼に応じ，複写作業に利用した資料を戻す時
- そのほか，何らかの業務で書架から取り出して利用し，それが終了した時

b．書架の種類

排架先としての書架の種類には，次のようなものがある。

①開架式書架と閉架式書架……利用者が資料に直接的に接することが可能な開架式書架と，利用者は資料に直接的に接することはできず，図書館員に出納してもらう閉架式書架とがある。開架式では一般に資料の排列の乱れが激しく，書庫管理に労力を要する。一方，閉架式は資料排列の乱れは少ないが，利用者が書架を巡って資料を拾い読みするブラウジングができないという大きな制約がある。

また，自動出納システムも，閉架式書庫の範疇に含まれる。このシステムは，一般的には利用度の少ない資料を収納箱に数十冊単位で納め，コンピュータでの管理のもとに，書庫内と閲覧カウンターとの間をレール等で連結して資料を搬送する。資料排列がランダムになるので，排架における分類という概念はなくなる。図書館にとっては，正確な排架や出納の作業が不要になり，そのうえ最大限の資料収納が達成できるメリットがある。一方で，設備投資が高額であること，継続的な保守経費が発生すること，停電時には利用できないといった問題も存在する。また，既存の書架をこのシステムに移行する場合には，排架されている資料の仮置き場所が必要であり，その際の搬出・搬入に多大な労力を要することから，自動出納システムは，新たに書庫を建設する際に最初から導入するのが効率的である。なお，このシステムは，利用者からは直接見えないブラックボックスとなるため，どのような資料を自動出納の対象とするかを，図書館の事情に合わせて，よく検討する必要がある。

②固定書架と集密書架……図書館では，書架を完全に固定した固定書架と，

書架を左右に移動できる集密書架とが使われる。集密書架の操作には手動と電動とがある。集密書架の導入は，図書館にとっては収容能力の増強になって効率的であるが（通常，固定書架の倍以上の収容能力がある），利用者にとっては，利用したい書架付近に他の利用者が先にいた場合，自分が必要とする書架を自由に移動させることができないという不便さがある。また，書架を巡回して資料を拾い読みするブラウジングには，固定書架よりも多くの時間を要することや，予算的には高価という問題もある。

③資料の種類ごとの書架……例えば，一般図書，児童図書，郷土資料，雑誌，新聞，レファレンス資料，視聴覚資料，文庫本，大型本，地図などの種別に基づいて，書架が分けられることがある。特に，文庫本，大型本のようにその形態・大きさが通常の資料とは異なる資料を別個に排架する場合，収容冊数の増加や利用のしやすさという利点が生じる。また，特別なコーナーを設置し，当該主題に関連する資料を種別に関係なくまとめて排架することもある。公共図書館での課題解決支援サービスの一環で，「健康・医療情報コーナー」「法律情報コーナー」などの名称のコーナーに関連資料がまとめて別置される場合がその一例である。

c．排架の方式

資料を排架する際の資料の並び順は次のような基準に従って決められる。

①請求記号順……すでに述べたように，請求記号は一般に，三段組みのシールに記載され，それが資料の背の下部に貼り付けられる。図書の場合，この記号の順序に従って書架上の資料の位置を決めることが最も一般的である。

②タイトル順……雑誌などはタイトル順に並べることが多い。和雑誌は，タイトルの五十音順やアルファベット順に排列する。洋雑誌は，英語であれば冒頭の冠詞である「A」「An」「The」を除いて排列する。なお，いずれの場合も，同一タイトル内は，巻号順，あるいは出版年順に並べる。

③機関名順……大学等が発行する紀要などの場合，発行機関名の順とし，同一機関内では，タイトル順に，さらに同一タイトル内では，巻号順や出版年順に並べる。

④著者名順……例えば，小説は作家名の五十音順に並べることも多い。

⑤シリーズ番号順……文庫や新書は，そのシリーズ番号順に並べることがある。

なお，いずれの排架方式であっても，その排列が利用者に容易にわかるように，案内表示を書架に掲示するなどの措置が重要である。

（4）保存

図書館は，情報や文化の伝承のため，将来の利用者にまで資料提供を保障する責務があり，資料の保存への配慮が欠かせない。その対策は，冊子体とデジタル媒体（電子媒体）とに分けて考えられる。

a．冊子体資料の保存対策

紙での冊子体資料は，利用されればされるほど傷んでしまうことから，利用と保存とが矛盾する性質をもっている。全体的な組織としての公共図書館の保存機能については，市区町村立図書館は都道府県立図書館に依存し，都道府県立図書館は国立国会図書館に依存するという，階層的な役割分担が想定されている（ただし，郷土資料や地元出身の著名人からの寄贈による特殊資料などは除く）。すなわち国内出版物に関しては，納本制度をもつ国立国会図書館が，最終的に保存の使命を担っている。

一方，大学図書館では，国内出版物のほかに外国の出版物も多く所蔵しており，加えて，すぐには利用されなくても，将来の利用に備えて保管の必要性が高い資料を有するという，公共図書館とはやや異なる事情がある。このため大学図書館個別での保存の意識は相対的には高い。大規模図書館の場合には，中央館のほかに分館などが複数設置されていることがあり，この際，分館での保存は限定され，多くは中央館が保存の任務を担う。なお，保存書庫については，中央館内にある場合，図書館とは別の建物内にある場合，郊外等の離れた場所に独立した書庫がある場合，さらには，外部倉庫などを賃借・利用する場合などがある。

冊子体の保存を考えるうえで最も重要な要因は，次に挙げる書庫環境である。

①温度・湿度……資料を保存するための環境としては，空調設備により，温度を22度，湿度を55％前後に保つことが望ましい。湿度が高いと，紙には天敵

となるカビや害虫の発生が促進され，逆に湿度が低く乾燥していると糊がはがれたり，色が落ちたり，革も乾燥して割れやすくなってしまう。なお，この温度・湿度の設定は，実際には貴重書書庫に限定される場合がほとんどである。

②空気……窓が開いていると，虫や埃(ほこり)，花粉，大気中の汚染物質などが侵入し，紙の劣化の促進や変色，革の腐蝕などの原因となる。書庫内に空気清浄機等を設置して，適切な環境を維持する必要がある。

③光……直射日光が当たらないようにする。特に紫外線は紙にとって有害であるため，書庫の蛍光灯には紫外線を発するものは使わない。

このほか，資料を傷めないための予防策として，次のようなものがある。

(1) 書架に関する予防

書架に資料を過度に詰め込まないことが大切である。過度の詰め込みは，資料の出し入れの際に，表紙が破損する原因になる。

(2) 水害に対する予防

水害としては，大雨による床上浸水や，配管のつまりなどによる天井からの雨漏りのほか，猛スピードで一気に襲いかかってくる津波での被害も想定される。水害により資料が水浸しとなり，しかも泥などが付着する場合もあり，その救出・修復には，かなりの時間と費用を要することになる。そのため，災害時には速やかに近隣の類縁施設を含めた相互協力が可能となる協定[37]を結んでおくなど，日頃から対策を講じることが大切である。一方，初期症状の雨漏りを発見した場合には，影響が及ぶ範囲の資料を一時的に別の場所に退避させ，該当の書架全体をビニールシートで覆うとともに，雨漏りの排水路を設定し，雨漏りによる水を受ける対策などを講ずる必要がある。

(3) 地震に対する予防

地震では，書架の転倒以外にも，資料だけが落下する場合がある。そのため，書架の転倒を防ぐ耐震対応を施すことに加え，棚からの資料落下を防ぐ対策が欠かせない。資料落下対策の商品には次のようなものがある。

37：例えば，以下の事例がある。広島県立文書館と広島大学文書館との「災害時の発生に伴う史・資料保護に関する相互協力協定書」．https://www.pref.hiroshima.lg.jp/uploaded/attachment/68019.pdf，（参照2019-05-06）．

• 図書落下防止用のテープやシート（図書が滑りにくくなるテープやシートを棚に貼り付ける方式）
• 感震式ロッドバー（震度4レベルの揺れを感知すると，安全バーが自動的に棚から5cmほど上に跳ねあがり，図書の背に当たって落下を防ぐ方式。ただし，取り付けのため，棚板の両側各2cmほどのスペースが必要）
• 棚板の奥を若干下げて手前を若干上げるための金具（棚板固定用の金具のみの購入となり，既存の棚板をそのまま使用できる）

⑷ 火災に対する予防

火災は，資料の焼失という最悪の事態を招くが，消火の際の注水もまた，資料に大きなダメージを与えてしまう。そのため，防火・消火設備に加え，万一の場合の延焼を防ぐような建物の設計も必要である。特に，貴重書などの書庫には，窒息消火を行うハロゲン消火設備を置かなければならない。

⑸ 酸性紙資料についての問題

酸性紙とは，製紙過程でインクに，ロジン（松脂（まつやに））から作ったサイズ剤（にじみ止め）と硫酸アルミニウムを用いた紙のことである。19世紀後半以降に製造された紙の大部分が，こうした酸性紙であった。酸性紙は，時間とともに劣化し，壊れてしまうため，その保存の点で大きな問題を引き起こす。そのため，近年は，その耐久性を高めるために，ロジンサイズ剤の代わりに中性サイズ剤を用いて製造される中性紙が普及している。

過去に国内で作成された酸性紙資料の保存については，国立国会図書館がそれらを保存する機能を担っているため，そこでの対策に委ねるとして，個々の図書館としては，当該図書館固有の資料（例えば，郷土資料，報告書，学位論文など）について対策を考えなければならない。この際，酸性紙から化学的に酸を抜くには専門の装置が必要なので，むしろ，マイクロフィルムなどの他の媒体への変換が現実的である。さらには，劣化速度をいくらか遅くするのが精一杯であるものの，酸性紙資料を丸ごと中性紙でできた箱や袋に入れて，書架に排架する方法もある。

b．資料の取り扱い方

資料保存のための環境整備や予防対策がなされても，図書館員や利用者が，次のような，資料取り扱い上の基本的なマナーを守らなければ，資料保存の目的を達成することはできない[38]。

- 書架から資料を取り出す時に，背の一番上の部分（head-cap）に指を引っ掛けて，引っ張り出さない。
- 書架から資料を取り出す時には，隣接する両側の資料の背を軽く後ろへ押し，それによって生じた背の中央部分をしっかりとつかみ，両手を用いて，他の資料が書架から落ちないように注意しながら，ゆっくり引き出す。
- 濡れた手や指，あるいは汚れた手や指で，資料に触らない。
- 書き込みをしない。
- 開いている場合でも閉じている場合でも，資料の上でノートをとらない。
- 目印として，ページの角を折ったり，鉛筆などの厚みのあるものをページの間に挟んだりしない。
- 資料を開いた状態に保つために，他の資料で押さえるようなことはしない。
- のどの部分（見開いたページの綴目に近い部分）を無理に広げすぎない。
- 資料を開いたまま，伏せて置かない。
- 落とす危険があり，また余計な重さがかかるので，資料を何冊も積み上げてはならない。
- 資料を机の上で滑らせて移動させるようなことはしない。
- 開いたページの上に，重い物を載せない。
- 後に錆びついてしまうクリップやホッチキスなどは使用しない。
- 酸性化しやすい新聞の切り抜きを，ページの間に挟んではならない。
- ページを繰る時に，めくりやすいように指を唾液で湿らせてめくってはならない。
- 飲食・喫煙しながら閲覧しない。飲料がページに付着したり，食べ物をページにこぼしたり，たばこの灰がページに挟まったりする。
- 借り出した資料を，長時間，直射日光にさらしておいたり，風雨の被害を受けやすいところに放置してはならない。

38：この注意事項は，次の文献の記述を一部編集したものである。日本図書館学会研究委員会編．図書館資料の保存とその対策．日外アソシエーツ，1985，p.86-87，p.98-99.

- 雨の日に，貸出中の図書を返却するため図書館まで持ち運ぶ際，あるいは貸出手続後に退館する際，それらの資料が濡れることがないようにかばんなどに入れる。

これらをマニュアル化し，利用案内や掲示物などで，利用者への周知を図るとともに，場合によっては，注意喚起のために，書き込みや切り抜きなどの人為的被害にあった資料の展示を行うことも考えられる。

c．デジタル媒体の保存対策

デジタル資料のうち，CDやCD-ROM，DVDなどのパッケージ系資料の保存については，すでに述べた冊子体での印刷資料に関する留意事項に加えて，強い磁気が資料の劣化やデータ破壊の原因になる点にも注意しなければならない。また，パッケージ系資料の利用には読み取り装置が必要となるので，読み取り装置を併せて保管しておくことが大切である。

ネットワーク系のデジタル資料の場合には，その保存形態として，インハウス型とリモート型とがある。インハウス型とは，購入あるいは作成したデータを，自館のコンピュータ（サーバ）上に置いて利用する方法で，この場合には，システム担当が定期的にバックアップをとる必要がある。一方，リモート型は，出版社やデータ制作会社と契約をして料金を支払い，それらが提供する遠隔のコンピュータにアクセスして利用する方法で，電子書籍や電子ジャーナルはまさにこの事例である。

デジタル資料は一般に，紙に比べればメディアとしての媒体の寿命が短く，さらには，そのコンテンツを読み出すソフトウェアやOSのバージョンアップへの対応が必要となる。その具体的な保存方法としては「マイグレーション」と「エミュレーション」とがある。マイグレーションは，プログラムやデータを定期的に最新のバージョンでのソフトウェアの環境のもとで新しい記録メディアに移行することである。一方，エミュレーションでは，プログラムやデータを新しい記録メディアに移した後，その時点でのソフトウェア環境上で，古い再生環境を疑似的に再現してそれを利用する。

これらの保存作業に際しては，機材などのハードウェア，ソフトウェア，およびそのコンテンツに関する適切なメタデータ[39]の付与が不可欠である。図書館は多様なデジタル資料を扱うようになってきており，デジタル資料に利用者が確実にアクセスするためのメタデータを提供することも図書館の重要な役割である。

しかしながら，デジタル資料の保存には問題や課題も多い。労力を要するのに加え，データの真正性（しんせい）（authenticity）という問題もつきまとう。例えば，変換したデジタル資料が本当に正しく移行されているのかどうか，欠落がないか，故意に書き換えられてはいないかを検証する必要があり，このための費用や労力の点で図書館の負担は大きい。まずはその点も考慮に入れつつ，資料収集方針の中に，デジタル資料の保存についても明文化しておくべきである。例えば，資料保存の方法と時期，その実施方法，長期保存対象の選別，メタデータの付与の方法と体制，廃棄の基準などをマニュアル等に盛り込むことが望ましい。

（5）書庫管理

a．シェルフ・リーディング

シェルフ・リーディング（shelf reading）とは，資料が排架順（請求記号順や雑誌のタイトル順，巻号順等）に並んでいるかを確認し，並んでいない場合には，正しい順序に戻す書架整理業務である。これにより，利用者が望みの資料を書架上で探すのが容易になり，利用者の満足度も向上する。このほか，シェルフ・リーディングには，次のような作業も含まれる。

- 開架書架の棚が資料で満杯になると，資料の出し入れがしにくい上に，資料が破損することもある。これを防ぐために，前後に余裕のある棚を利用して，資料移動を行い，少なくとも80%前後の詰まり具合の棚にしておく。
- 資料に貼られたラベルの破損や汚損を発見し，補修担当にまわす。
- 資料は棚の左側に寄せるため，右端にはストッパーを装着し，棚の右側部分の空きスペースに資料が傾かないようにする。
- 資料の位置は徐々に変動していくので，書架の側面などについている分類

39：広義には「データについてのデータ」がメタデータである。この場合には「保存された電子的なデータを利用するためのデータ」の意味。

記号を示すサイン（案内）との整合性を確認し，適宜，修正する。
- 資料を実際に手に取ることで，図書館員が資料そのものを覚える機会を増やす。
- 資料の請求記号の間違いや分類記号への疑問などがあれば，目録や分類の担当者に確認する。
- 作業に従事している場所付近で，資料が見つからないなどの理由で困っている利用者がいれば，積極的に声をかけ，その場で対応・支援する。
- 背の高い書架の上段に手が届かない場合，資料の取り出しや請求記号ラベルの判読などのために踏み台が使われる。通常，踏み台は複数用意されているので，必要と思われる書架付近におおよそ等間隔に配置しておく。

シェルフ・リーディングは，開架書架を維持していくために必須の作業であり，図書館員全員，あるいは閲覧サービス・レファレンスサービス担当の職員が，組織的かつ定期的，計画的に，実施していく必要がある。シェルフ・リーディングは利用者の利用を妨げないように，開館時間前や閉館後に行うのが理想であるが，それが困難な場合には，利用者が比較的少ない午前中のある特定時間を決めて実施すると，作業効率がよい。公共図書館では，月１回程度，書庫管理のために休館日を設けて実施する場合もある。

b．蔵書点検

蔵書点検（inventory）とは，すべての蔵書（コレクション）の在庫点検，いわゆる「棚卸し作業」である。その目的は，行方不明の資料を明らかにして，欠本を補充したり，蔵書検索でのデータの正確性を高めることである。すなわち，利用者の求める資料が正しい場所に排架されていることで，資料を見つけやすくし（accessibility），利用可能性（availability）を高めるという重要な意味をもっている。

①開館しながらの実施と，閉館してからの実施……開館しながら実施する場合には，特定個所についてのみの実施とし，作業対象エリアを利用者立ち入り禁止とすることが多い。利用者には，若干の不便さが残るが，作業エリア以外では資料の利用が可能である。ただし，開館しながらの蔵書点検は，労力の関係で実施できない図書館もある。一方，通常の開館時間帯に閉館して蔵書点検

を実施する場合，利用者へのサービス低下というデメリットが伴うものの，作業効率は高い。

②実施時期……年１回，利用者の少ない時期に点検する方法と，蔵書の規模や図書館員の人数によっては，年度ごとに特定の排架場所を順次点検し，数年かけて全蔵書を点検する方法もある。

③蔵書点検の方法……書庫内で利用できる携帯用バーコードリーダーを用いて，資料に貼ってあるバーコードを読み込み，それらのデータを図書館システムに送りこんで，貸出中の資料のデータや所蔵データと照合するという，より短時間で実施可能な方法がとられるようになっている[40]。さらには，資料１冊ごとにバーコードの代わりにICタグを貼っている図書館では，読み取り機（近接した状態での非接触方式での読み取りが可能な機器）が向けられた資料群のICタグ内蔵データを，複数冊分一括して読み込むという便利な方法も使われている。この場合には，資料を個別に取り出す必要はない。

5．コレクションの評価・再編のプロセス

(1) コレクションの評価

a．評価の目的と種類

コレクションを評価する主な目的は次の二つである。

- 資料選択のプロセスや基準が適切であるかどうかを確認する。
- 不要な資料を選別し，コレクションを更新する。

コレクションの構築は「資料を選択して受入・排架すれば終わり」ではなく，その結果として形成されるコレクションの状態や利用の程度を評価して，それを選択プロセスへとフィードバックしていく必要がある。また，コレクション中の古くなった資料や利用されなくなった資料などを取り除いてコレクションの「新鮮さ」を保つためにも，評価は重要である。

40：ハバード，ウィリアム J.；丸谷洽一訳．書庫の管理．勁草書房，1987，p.117-121.

いくつかの観点からコレクションの評価を分類することが可能である。例えば，以下のような観点により，多種多様なコレクション評価法を特徴づけることができる。

①目的による分類

• 選択プロセスの評価・修正　• 不要資料の選択

②評価の尺度による分類

• 効果（effectiveness）　• 効率（efficiency）　• 費用（cost）

③評価の様式による分類

• 量的な方法　• 定性的な方法

④データの収集法による分類

• 業務統計　• 調査統計

⑤コレクション自体と利用とのどちらに重点を置くかによる分類

• コレクション中心　• 利用者中心

⑥評価基準による分類

• 達成目標との比較　• ガイドライン・基準との比較

• 他の図書館や別のサービスとの比較　• 特に比較しない場合

このうち，①の評価の目的については上で説明したので，それ以外について，簡単に説明する。

(1)　効果と効率，費用

効果（effectiveness）とは，サービスの目標が達成された程度であり，それに対して，効率（efficiency）とは，その達成に要した資源（時間，費用など）の程度を指す。例えば，利用者がある図書を読みたいと思ったときに，それをその図書館で「入手できるかどうか」は効果の尺度であり，その図書を「入手するまでに要した時間」は効率の尺度と考えることができる。コレクションの評価を行う場合に，どちらの観点から評価するかを明確にしておくことは重要である。

また，効率を費用で測定した場合に，費用対効果（cost-effectiveness）の概念が導かれる。例えば，ある目標を同じ程度に達成する二つの方法があったときに，単位費用あたりの達成度が大きいほう（あるいは単に費用が少ないほう）が優れていると評価できる。

⑵ 定量的方法と定性的方法

例えば，コレクションをその点数や冊数，あるいは年平均成長率等の数値によって評価する場合が定量的な方法（quantitative method）であり，それに対して，コレクションの質を図書館員や主題専門家が観察によって評価するような場合が定性的方法（qualitative method）に相当する。一般に，定量的な方法は資料を個別的ではなく集合体として把握することが多いので，マクロな評価に適しており，それに対して，定性的な評価は個別的・部分的な評価に適しているといえる（もちろん，例外もある）。

ただし，定量的な方法と定性的な方法との区分はそれほど明確ではない。例えば，大学図書館において，雑誌の評価を教員に対してアンケート形式で依頼し，その結果を量的尺度に換算する場合などは（例えば，「有用」を10点，「有用でない」を０点などとする），どちらに分類するかは容易ではない。

⑶ 業務統計と調査統計

数量的なデータを収集して評価する場合，一般に，日常的な業務記録を集計することによって作成されるデータを業務統計と呼び，図書館においては，貸出延べ冊数などの貸出統計がそれに相当する。図書館業務にコンピュータが導入されるようになってからは，以前よりも容易にこの種の統計を集計することができるようになった。

それに対して，調査統計とは，通常の業務以外に，何らかの特別な（余分な）調査を実施することによって得られた統計データを指す。図書館では，来館者調査や住民調査などによる統計がその例である。

業務統計を利用する場合には，特別な調査を実施する必要がないので，費用が安く，しかも，統計学的に複雑な調査法を適用しなくても済む場合が多い。反面，調査項目（評価項目）が限定されてしまうという欠点がある。それに対して，調査統計には，費用がかかり，しかも，場合によっては調査・分析のために複雑な統計的知識が必要になることがあるが，業務統計に比べて，調べたい（評価したい）項目をより自由に設定できるという大きな利点をもつ。

⑷ コレクションと利用

評価の場合にも，資料選択における価値論と要求論に対応するように，コレクション自体に重点を置く評価と，利用（利用者）に重点を置く評価の二つが考えられる。前者はコレクション中心評価法（collection-centered measure），後者は利用者中心評価法（user-centered measure）と呼ばれることがある。前者の典型例は，評価基準となる何らかの書誌と，自館のコレクションとを比較するチェックリスト法であり，後者の典型例は，貸出統計から各主題分野の利用状況を把握する方法である（これらに関しては後で詳述する）。

⑸ 評価の基準

評価を行うには，通常，何らかの基準が必要である。業務あるいはサービスの目標が明確に規定されており（例えば，「住民１人あたりの蔵書冊数を５冊に増やす」など），その目標に対する達成度を評価するような場合には，当然，その達成目標が評価の基準になる。

一方，評価したい項目に関して，何らかの外的な基準が設定されていることがある。例えば，コレクションに関する基準としては，IFLA（国際図書館連盟）による公共図書館のガイドライン[41]や，「公立図書館の設置及び運営上の望ましい基準」（文部科学省告示，平成13年），「国立大学図書館改善要項」（文部省，昭和28年），「公立大学図書館改善要項」（公立大学図書館協議会，昭和36年），「新私立大学図書館改善要項」（私立大学図書館協会，平成８年）など[42]の中に言及がある。ただし，これらの多くは最低基準を示したものにすぎず，また，個別的な状況を無視して，どのような図書館にも適用できるような具体的な基準（特に数量的基準）を設定することは一般に難しい。外的な基準を適用する場合には，これらの点に注意を払うことが必要である。

当該年度の数値を前年度の実績値と比較することは多くの場合に容易であるし，コレクション構築に関する何らかの改善がその間になされたならば，前年度との比較は必須である。さらには，自館の数値を，規模や性格の類似した他

41：国際図書館連盟公共図書館分科会編；森耕一訳．公共図書館のガイドライン．日本図書館協会，1987．

42：日本図書館協会編．図書館法規基準総覧．第２版，日本図書館協会，2002．

3-4表 『日本の図書館』統計編に公表されている主要なデータ項目

公共図書館	大学図書館
館数，自動車図書館数，奉仕人口，職員数［司書・司書補，その他］，蔵書冊数［うち児童書］，受入図書冊数〔うち購入冊数［うち児童書］〕，年間除籍冊数，雑誌購入種数，団体貸出［団体数，貸出冊数］，個人貸出〔登録者数［うち児童］〕，貸出冊数［うち児童］，前年度支出額〔経常費総額，人件費，資料費［うち図書費］〕，今年度予算〔一般会計総額，経常費，資料費［うち図書費］〕	奉仕対象学生数，職員数［専任職員，臨時職員］，蔵書冊数［うち洋書］，開架図書率，受入図書冊数［うち洋書，うち購入冊数］，受入雑誌種類数［日本語，外国語］，館外個人貸出〔貸出者数［うち学生］，貸出冊数［うち学生］〕，年間開館日数，電子複写枚数，相互協力業務［図書の貸出冊数，図書の借受冊数，文献複写の受付件数，文献複写の依頼件数］，前年度決算〔経常的経費，人件費，資料費［うち図書費］，製本費〕

注：［　］は内訳あるいは細分を示すための記号である

の図書館と比較することによって評価を行うこともできる。公共図書館と大学図書館については，各館の蔵書冊数や貸出延べ冊数などが『日本の図書館』や『図書館年鑑』（ともに日本図書館協会刊）に公表されているので，これらの数値については，容易に比較が可能である。3-4表に『日本の図書館』統計編における主要なデータ項目を示す。

なお，特に明確な評価基準を設定しないことも少なくない。例えば，各館の館報には，その年度のさまざまな実績が報告され，その中でコレクションに関する統計や貸出統計などが掲載されることがある。基準を用いた明確な評価を目的としていないことが多いものの，これは実績値の公表であり，一種のコレクション評価とみなすことは可能である（ただし，基準との比較がないので，その結果の解釈は容易ではない）。

b．評価の手順

一般的な図書館評価の手順を3-10図に示す。まず，評価の目的・目標を明確に設定することが重要である。何について，どのような目的で評価を実施するのかをこの時点で明確にしておかないと，調査・分析が進むうちに，何を何のために評価しているかが判然としなくなるということになりかねない。

次に，この目標に沿って，調査方法，調査（評価）項目，調査日程，集計・分析の方法，調査の費用などを具体的に策定する。評価の実施担当者だけではなく，評価にかかわる部門の担当者の意見も聴き，全体として無理のない計画とすることが重要である。また，統計調査を行う場合には，統計学の専門家の助言を十分に受けることが望ましい。

策定された計画に沿って実際に調査を開始する前に，予備的な調査を実施しておく。この予備調査によって，調査票などの欠陥が発見されることも少なくない。そのような場合には，前の段階に戻って，もう一度，計画全体を見直す必要があるかもしれない。

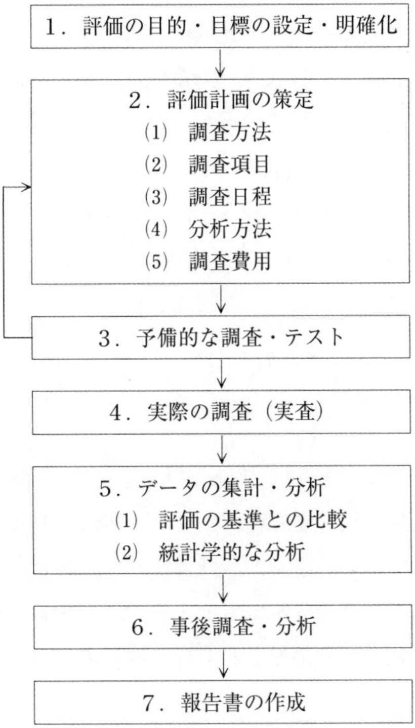

3-10図 評価のための一般的手順

予備調査を経て計画が完全なものとなったら，本調査を実施する。その後，結果を集計・分析し，最終的に報告書などの形にまとめる。場合によっては，最終的な結論を出す前に，事後的な調査が必要となることもある。なお，以上の手順は，定量的な手法で評価する場合の典型例であるが，定性的な評価の場合もほぼこれに準ずる。

c．評価の実際（1）：コレクション中心評価法

評価の実際として，まず，コレクションを中心に評価する方法について述べる。これらの方法は，統計によるマクロ的な評価，チェックリスト法，専門家による評価，に大別できる。以下，順に説明する。

(1) コレクションの統計

所蔵資料の冊数（あるいは蔵書冊数），年間増加冊数，年間廃棄冊数，雑誌の購入種数などは，業務統計として比較的容易に集計できる。これらのコレクションの統計は，図書館の資料収集（あるいは廃棄・別置）の活動をマクロ的に評価する場合に便利である。このうち，所蔵資料冊数と雑誌の購入種数は，コレクションのある一時点での規模（すなわちストック（stock））を示す量であり，それに対して，年間増加冊数と年間廃棄冊数は1年間のストックの変化量（すなわちフロー（flow））を示す量である。したがって，基本的には，

$$\text{今年の所蔵資料冊数} = \text{前年の所蔵資料冊数} + \text{年間増加冊数} - \text{年間廃棄冊数}$$

が成立する。

この種のコレクションの統計で評価を行う際には，「購入／寄贈」の別，資料形態別，利用者の区分別，主題分野別などで集計すれば，より有用な評価結果が得られるかもしれない。また，各数値をサービス対象人口などで割ることにより基準化した方が，その意味するところがより明確になることもある。このような目的で主に使われる指標としては，次のようなものがある[43]。

43：より詳しい文献として，次のものがある。森耕一編．図書館サービスの測定と評価．日本図書館協会，1985.

$$蔵書密度 = \frac{蔵書冊数}{サービス対象人口}$$

$$蔵書新鮮度 = \frac{年間増加冊数}{蔵書冊数}$$

$$蔵書成長率 = \frac{（その時点での蔵書冊数－前の時点での蔵書冊数）}{前の時点での蔵書冊数}$$

定義からわかるように，蔵書密度は人口あたりの蔵書冊数であり，公立図書館の場合には，分母としては通常，その地域の定住人口が用いられる。大学図書館の場合には，サービス対象人口を学生総数で近似することがある。

以上の統計はコレクションの「規模」を表すものであり，その質の評価には直接的には結びつかない。しかし，図書館のコレクションの状態を把握するには，最初に押えるべき基本的な統計であるし，量と質とには相関があることを想定すれば，あるいは，一定の量がなければ利用が制限されてしまうことを考えれば，質や利用にも関連した重要な評価尺度であるともいえる。

⑵ チェックリスト法

何らかの資料のリストを基準として考え，そのリストとコレクションとを突き合わせて，不十分な資料を見いだす方法をチェックリスト法という[44]。個別的な資料の不足を把握するには最も簡便な方法であり，信頼性の高いリストが用意・利用できれば，同時に最も確実な方法でもある。このためのリストとしては，おおよそ次のようなものがある。

①全国書誌・販売書誌・選択書誌・主題書誌・索引誌・抄録誌など

②総合目録や他館の所蔵目録

③出版社や古書店などの出版・販売リスト

④何らかの著作が引用した文献のリスト（引用文献リスト）

44：国立国会図書館．蔵書評価に関する調査研究．2006（図書館調査研究リポート7）．

最も典型的な方法は,『選定図書総目録』や『学校図書館基本図書目録』のような選択書誌を用いることである（ただし，両者とも現在は休刊中)。また,『日本件名図書目録』や各主題書誌などを使えば，ある主題に関する図書についての「所蔵もれ」を検出できる。これらの書誌類や，②の総合目録や他館の所蔵目録，③の出版社や古書店の出版・販売リストは，資料選定のツールとして利用されることから考えても，チェックリスト法での比較対象に用いられるのは当然である。

一方，雑誌の評価には，雑誌記事索引や抄録誌を利用できる。例えば，それらの採録雑誌一覧をチェックリストして活用できるかもしれない。現在では，それらは通常，データベースとして提供されているので，コンピュータによる検索機能を使って，件名やディスクリプタごとの収録雑誌や該当文献件数も得ることができる。

何らかの著作に引用されている文献のリスト，すなわち，引用文献リスト（あるいは参照文献リスト）を基準とすることもできる。例えば，その分野の基本的な教科書と考えられている著作における引用文献とコレクションとを突き合わせることにより，その分野の基本的な図書や雑誌をどれだけ所蔵しているかがわかる。

また，大学図書館ならば，その教職員や大学院生が執筆した著作物（図書，雑誌論文，学位論文など）での引用文献リストを用いることもできる。それらの引用された文献のうち，図書館が所蔵していないものは，教職員や院生が個人的に所有しているもの，あるいは他の図書館などで利用したものであり，他の利用者にも潜在的な価値をもっている可能性がある。研究者や学生はある文献に目を通したときに，さらにそれに引用されている文献を読みたくなる場合が多い。この点でも，引用文献リストは重要な情報源である。

また,「引用される」ということを一種の科学的業績と考え，よく引用される雑誌ほど学術的価値が高いとみなす考え方がある（なお，引用された回数を被引用回数と呼ぶ)。この考え方に従えば，よく引用される雑誌を図書館に揃えるべきという方針が導かれる。そのための代表的な指標が雑誌インパクトファクター（journal impact factor：JIF）で，これは一定期間の被引用回数を掲載論文数で補正した数値である[45]。引用を一種の利用と考えれば，引用文献に基づく方法は，後で述べる利用に基づく評価法に含めることもできる。

(3) 専門家による評価

主題専門家や外部のコンサルタント，あるいは担当の図書館員が観察によってコレクションを評価することがある。特に，教職員がその主題分野の専門家である大学図書館においては，この方法は比較的容易である。例えば，教員に受入雑誌の一覧を配布し，各雑誌に対して必要・不要をチェックしてもらい，それを集計して，不要な雑誌を選別する方法は一般によく用いられている（この際，教育での必要性も加味されるかもしれない）。

d．評価の実際（2）：利用者中心評価法

コレクション中心評価法では，書誌や引用文献リスト，あるいは主題専門家の判断が評価の基準となったが，利用者中心評価法では，利用者あるいはその利用が評価の基準である。利用者に関する研究は利用者研究（user study），利用に関する研究は利用研究（use study）と呼ばれてきた。これらに基づく利用者中心評価法としては，貸出統計の分析や利用者調査（来館者調査あるいは住民調査）などがある。以下，これらについて説明する。なお，すでに述べた引用に基づく方法を利用者中心評価法に含めることもある。

(1) 貸出統計の分析

貸出回数（一般には館外貸出回数）は，資料の利用の程度を測る尺度としてよく用いられている。これは一つには，貸出統計が業務統計として容易かつ確実に集計できるからである。しかしその反面，資料は，館内閲覧や電子複写などを通じても利用されるから，貸出は資料利用の一面しか反映していないということにもなる。貸出統計によって評価する場合，常にこの点に留意しなくてはならないが，全体的な傾向として，館内で利用される資料は貸出もされることが経験的に知られており[46]，レファレンス資料に類似した機能をもつ図書な

45：https://www.scijournal.org/ などで調べることができる。なお，JIF は，学術論文の出版の観点から研究者や研究機関を評価する際に活用されることも多い。

46：ランカスター，F. W.；中村倫子，三輪眞木子訳．図書館サービスの評価．丸善，1991，p.62-63.

どを除けば，貸出を資料利用の一次的な近似とみなすことが可能である。

貸出統計は，コレクションの統計と同様に，他の属性別（資料の種類別，利用者の区分別，主題分野別など）での集計，あるいは他の尺度による基準化を通じて，より有用な評価結果をもたらす。主な指標としては，次のようなものがある（なお，ここでは「貸出回数」と「貸出延べ冊数」とは同義である）。

$$\text{貸出密度} = \frac{\text{貸出延べ冊数}}{\text{サービス対象人口}}$$

$$\text{蔵書回転率} = \frac{\text{貸出延べ冊数}}{\text{蔵書冊数}}$$

貸出密度は，人口１人あたりの貸出回数であり，公共図書館の利用の程度あるいは活動の程度を測る指標としてよく用いられる。この際には，分母の「サービス対象人口」として「定住人口」が使われる。公共図書館では，一般には貸出サービスを利用するには登録が必要なため，分母として「登録者数」を使うこともある。この場合には「実質貸出密度」と呼ばれる。また，「貸出サービス指数」として，貸出延べ冊数に図書１冊あたりの平均価格を乗じ，それを図書館の経常費で除したものを利用することもある（正確には，さらにそれに100を掛ける）。

貸出密度や実質貸出密度はかなりマクロ的な指標であり，どちらかといえば，コレクションの評価というよりも，コレクションを含めた図書館サービスを全体的に測るためのものである。それに対して，より直接的にコレクションの評価のために用いられる指標として，蔵書回転率が挙げられる。上に掲げたとおり，これは蔵書１冊あたりの貸出回数に相当し，次のように利用する。例えば，ある図書館において，

分野Ａ：貸出回数が300回，蔵書冊数が100冊

分野Ｂ：貸出回数が300回，蔵書冊数が600冊

であったと仮定する。両分野の貸出の量は等しいものの，蔵書回転率を計算すると，分野Ａは3.0回，分野Ｂは0.5回で，１冊あたりでは分野Ａの図書のほう

がかなり頻繁に貸し出されていることがわかる。蔵書回転率が非常に高い場合，貸出のため書架上に十分に図書が残らない状況が生じている可能性がある。

蔵書回転率が低い場合には，さらに相互貸借の借受件数や購入希望のリクエストのデータを付け加えることによって，評価を進めることが可能である。例えば，蔵書回転率の低い分野ＢとＣについて，

分野Ｂ：蔵書回転率が0.5回，相互貸借の借受件数やリクエストの件数は分野別での平均件数よりも多い

分野Ｃ：蔵書回転率が0.5回，相互貸借の借受・リクエストはほとんどない

ならば，分野Ｂでは，選択プロセスに何らかの欠陥があってコレクションが十分ではないのに対し，分野Ｃについては，そもそも，その図書館の利用者の関心自体がそれほど高くないと解釈できる。

貸出統計を出版年別（あるいは受入年別）に集計することによって，不要な資料の選別に必要な情報を得ることもできる。一般に，貸出統計を用いて，利用の少なくなった図書を識別する方法には，

①貸出回数を出版年あるいは受入年別に集計して，ほとんど利用されない図書の「年齢」を識別する

②貸出データから，ある一定期間１度も貸し出されていない図書を識別する

の二つがある。

例えば，2010年に出版された図書１冊あたりでの貸出回数の平均と1980年に出版された図書のそれとを比べれば，通常，後者のほうが小さい。これは，本章１節で述べた老化（obsolescence）の現象を示している。もし1980年以前に出版された図書を開架スペースから保存書庫に別置するとすれば，保存書庫に置かれた1980年出版の図書に対するおおよその利用の程度を，この平均貸出回数から類推できる。

ただし，1980年に出版された図書の中には，依然として活発に利用されているものがあって，それが保存書庫に移されると利便性が低下するかもしれない。これは，「1980年出版」の図書を一括して扱うために生じるわけで，それに対して上記②では，基本的には図書を個別に扱うため，この種の問題は生じない[47]。ただし，出版年で明確に線引きされる①の方法に比べて，利用者が一次

的書庫と二次的書庫のどちらを探せばよいのかを知るのが煩雑になる可能性もある。

以上の貸出統計の分析結果を評価に利用する際には，館内閲覧の実態がそれに含まれていない点に留意する必要がある。例えば，持ち運びに不便な大型の図書や，貸出可能であるものの辞書や年表のように活用される図書など，貸出記録には残らないかたちで，館内で頻繁に利用されている場合がある。

(2) 雑誌の利用の分析

一般に，雑誌は館外貸出の対象ではないため，図書とは異なり，貸出統計を使うことはできない。そのため，当該雑誌に掲載された論文が他の文献に引用された回数を「利用された回数」とみなして，分析することがある。ただし，学術論文で引用がなされる理由はさまざまで，必ずしもそれが「利用」を表さないことがある。また，引用はされなくても，利用は頻繁になされる学術雑誌も多い（専門的な論文ではなく，一般向けの学術的な記事を掲載しているものなど）。この点，上述したように，引用された回数（被引用回数）はむしろ，その論文や雑誌の質の高さ，あるいは学術的な価値を測る尺度として考え，その観点からのコレクション評価に活用するのが無難かもしれない。

一方，電子ジャーナルの場合には，利用者がサーバにアクセスした記録（ログ）が残ることから，アクセス件数やダウンロード件数の集計が可能である。ここでのサーバとは具体的には，電子ジャーナルを提供する組織・機関（出版社やアグリゲータ）のコンピュータを意味する。利用者は通常，図書館のサーバを経由してから，インターネットを通じてこれらのコンピュータにアクセスし，論文のPDFファイルを閲覧・印刷またはダウンロードする。したがって，アクセス件数やダウンロード件数を図書館自体が集計することはできず，出版社やアグリゲータから利用統計の提供を受けなければならない。

この際に，「リクエスト成功」「アクセス拒否」の定義やその計数方法が提供組織によって異なると不便である。そのためCOUNTER（カウンター）（Counting Online of NeTworked Electronic Resources）のような標準が策定されており[48]，実際，

47：この手順については，次の文献を参照。ランカスター，F. W.；中村倫子，三輪眞木子訳．図書館サービスの評価．丸善，1991，p.55-57.

COUNTERに準拠した利用統計を提供する出版社・アグリゲータは多い。これらの利用統計を活用すれば，雑誌の利用実態を把握することが可能となる。

e．評価の実際（3）：図書館評価の視点

来館者に調査票を配布し，コレクションを直接的に評価してもらうこともできる。この方法では，調査票の設計や調査の実施・集計に特別な費用がかかるものの，貸出統計による評価では得ることのできない，「生の声」を利用者から聞くことができる。また，来館者調査は実際に図書館に足を運ぶ人のみに限定されるのに対し，それ以外の住民や学生に対しても，より幅広くこの種の調査を行うことも可能である。ただしその際には，通常，郵送などを利用した標本調査となるので，収集・分析に関して，多少，高度な統計学の知識が必要になる[49]。

また，資料を求めて来館した利用者に協力を依頼し，資料の選択だけでなく，目録の正確性や書庫管理の程度なども含めて，総合的にサービスを評価するのが利用可能性テスト（availability test）である。このテストでは，まず「来館した利用者が求める資料を図書館が所蔵している」かどうかを確認したのち，「その資料の目録データが正確である」「その資料が他人への貸出中ではない」「その資料が書架上に正しく排架されている」という段階ごとの成功率を調査者が調べていく。その結果，図書館資料の提供について，全体的な視点からその「弱点」を探ることができる（ただし，日本では実施例は少ない）。

実際には，上記の来館者調査や住民調査もまた，コレクションの評価を含む公共図書館の経営やサービス全般に対する評価のための手段である。図書館評価一般に関しては，世界的な標準化を進めるために，ISO2789やISO11620などの標準規格が制定されている。前者は図書館統計，後者は図書館パフォーマンス指標（図書館経営の改善やサービス計画の立案を目的とした評価指標）に関する標準規格であり，それぞれ，JIS X 0814およびJIS X 0812として，日本

48：加藤信哉．COUNTERについて．薬学図書館．2007，vol.52，no.3，p.258-269.

49：来館者調査・住民調査での統計的処理については，次の文献の第三部を参照。神奈川県図書館協会図書館評価特別評価委員会編．公共図書館の自己評価入門．日本図書館協会，2007.

工業規格にもなっている[50]。本書でこれまで説明してきた，蔵書回転率や貸出密度などはこの規格にも取り入れられている。

さらに，いわゆる自己点検・自己評価あるいは行政（政策）評価の重要性が一般的に広く認識されるようになり，この流れの中で，図書館評価に関する議論がなされている。図書館評価は，図書館界が長年にわたって取り組んできた研究課題であり，多くの研究成果や実践例の積み重ねがある。しかし，近年の行政評価の文脈の中で，図書館評価自体を再評価し，最適な方法を模索していく必要が生じている。特に，行政評価における一つの主要概念は顧客満足（customer satisfaction）である。この視点をコレクション評価に導入し，コレクションが利用者をいかに満足させているかを測定し，それに基づいてコレクションの改善を図っていく努力が，より一層求められている。

（2）コレクション更新

a．ウィーディング

ウィーディング（weeding）とは，一定の基準に従って，移管あるいは廃棄すべき資料をコレクションの中から選択することであり，不要資料選択や除架と呼ばれることもある。ウィーディングを実施し，実際に資料を移管または廃棄することによって，書庫に新しいスペースを確保することができる。また，すでに述べたように，コレクション構築の観点からは，不必要な資料を取り除くことによって，コレクションの新鮮さを保つことは重要である。

ウィーディングすべき資料としては，

- 内容が古い，または旧版であるもの
- 損傷・劣化が激しいもの
- 同一資料がほかにもあって，内容的に重複しているもの
- 利用されていない，または利用頻度がきわめて低いもの
- 不要となった複本

などが考えられる。すでに述べたように，刊行から経過した年月数や，最後に

50：図書館パフォーマンス指標については次の文献を参照。日本図書館情報学会研究委員会編．図書館の経営評価．勉誠出版，2003.

貸し出されてから経過した年月数などの基準が使われることもある[51]。

ウィーディングの処理には，具体的に，移管と除籍・廃棄がある。

①移管……不要と判断された資料が物理的にまだ利用可能な場合には，保存書庫や保存図書館などに移管することが考えられる。保存書庫は閉架の集密書庫・自動化書庫であったり，あるいは遠隔地にあったりして，利用者にとっては不便であるが，低いコストでの保管が可能である。

②除籍・廃棄……資料の保存を断念し，除籍（withdrawal）・廃棄（discard）する場合もある。除籍・廃棄された資料は，他の機関への寄贈，古本業者への売却，利用者への有料または無償での提供，あるいは焼却などの方法で処理される。この場合には，移管とは異なり，その図書館ではその資料を完全に利用できなくなってしまうので，他の機関での利用可能性なども考慮に入れながら，慎重にその資料を処分することが要求される。

b．複製とメディア変換

移管あるいは除籍・廃棄する場合，多かれ少なかれ，利用者に不便をかけることになる。将来の利用が確実に見込めないような資料ならばともかく，まだ利用されるにもかかわらず，損傷や劣化が激しくて移管せざるをえないような場合には，その代替資料を用意することが望ましい。

もし，その資料がまだ入手可能であれば，同一のものを複本として所蔵すればよい。あるいは，写真製版によって複製された図書である影印本（えいいんぼん）や，原本に忠実に活字を組みなおして（または版木を彫りなおして）複製された翻刻本（ほんこくぼん）などの復刻本（ふっこくぼん）（あるいはリプリント）を購入することができれば，それを利用に供することができる。なお，電子複写機によって複製された図書も，広義には，影印本の一種である。

あるいは，原本をマイクロフォームや電子媒体に変換して，それを利用者に提供することも考えられる。マイクロフォームには，マイクロフィッシュやロ

51：ウィーディングの基準については，以下の文献を参照。
マートマン，ウィリアム A.；松戸保子ほか訳．蔵書管理―背景と原則．勁草書房，1994，p.235-243.
三浦逸雄，根本彰．コレクションの形成と管理．雄山閣，1993，p.245-249.

ールフィルムなどがあり（2章1節参照），それらに原本のイメージを縮小して焼き付けるため，閲覧・複写には特別の装置が必要になる。大きくてかさばる資料をコンパクトに保管できるので，この方法は，これまで，新聞や図面の保存などに幅広く使用されてきた。

一方，光ディスクなどの電子媒体に保存する場合には，コンピュータですべての処理を行うことになる。アナログ情報をデジタル情報へと変換することにより，図書や写真のような静止画以外にも，動画資料や音声資料も保存することが可能である。

以上の複製・メディア変換は，単なる代替資料の準備手段というだけでなく，原資料の内容の長期的な保存手段としても有効である。ただし，この場合には，電子媒体の寿命はそれほど長くはないという点に注意する必要がある。本章4節で述べたように，定期的に新しい媒体へ複製するなどの保存に対する工夫が必要になるかもしれない。

4章　情報の生産・流通と図書館

1．出版・流通・印刷

（1）出版・流通と図書館

世の中では，さまざまな情報が生産され，流通している。例えば，2章4節で述べたように，大学をはじめとする研究組織に属する研究者は，その研究活動の成果を，学会等が主催する会議（カンファレンス）や学術雑誌等に発表し，広く周知することに努めている。これは，典型的な学術情報の生産と流通である。

研究成果の公表は，例えば研究者自身のウェブサイトやSNS等でも行うことができるが，学会や出版社等を通じての雑誌または図書による出版が正式な（フォーマルな）流通経路である。これは特に学術出版と呼ばれ，それによって伝達される情報や知識は，社会における知的水準や技術の維持向上に欠かせない役割を果たしている。

グーテンベルクの活版印刷術の発明以前の中世ヨーロッパでは，情報や知識が一部の階級に独占される傾向にあった。われわれは当時の社会を一つの歴史としてしか知りえないが，そのような時代はやはり「暗い」のであろう。情報や知識が，それを欲する人々に自由に届くことは現代社会にとって必須であり，出版の使命あるいは重要性はまさしくここにある。

図書館もまたその流通において重要な役割を担っている。後でも述べるように，出版物はさまざまな経路を通じて，われわれの手元に届く。その中で，図書館が果たす役割は大きい。例えば，「公共図書館の利用は無料」が原則であり，これによって，収入や財産の差に影響されることなく，人々が必要な情報や知識を入手できる。これは現代的な民主主義の一つの根幹である。

もちろん，1章でも述べたように，一つの図書館が単体で世の中のすべての出版物を所蔵できるわけではない。それでも図書館間での協力等を通じて，出版物を，それを必要とする人々に届けることは，現代社会における図書館の崇高な使命である。何らかの理由で出版の差し止めが法的に確定した場合などのごく少数の例外を除き，思想信条や経済的理由などの制約なしに，利用者に出版物を提供することは，「図書館の自由」[1]の精神に基づくものであり，出版物の流通において図書館のみが成しえる機能である。

その中で人々が必要とするのは，学術的な情報だけではない。教養や娯楽，あるいは仕事や生活に必要とされる情報や知識を広めるために出版を行うこともまた重要である。これらの多くは営利機関である出版社が担っており，この点で，「商業出版」という用語が使われることがある。学術出版もまた商業出版の形態でなされることもあり，特に，学術出版と商業出版とが相互に排他的な概念というわけではない。

商業出版の場合，著作者（または著者，作者）と出版社，印刷・製本業者の役割分担により出版のプロセスが進められる。著作者は原稿を用意し，出版社側はその編集作業や印刷・製本業者とのやり取りを担う。出版社側があらかじめ立案した企画に沿ってプロセスが進められることも多い。その印刷・製本費は出版社側が負担し，基本的には，それらの経費を売り上げから差し引いた利益の中から，「原稿料」「著作権使用料」などの形で著作者へと報酬が支払われる（営利組織としての企業会計の方法はもちろんさまざまである）。

一方，そのような仕組みを使わず，著作者自身が経費の一部または全部を負担し，自費出版を行うこともある。一般には自費出版による書籍が書店等への流通経路に乗ることは難しいが，最近では，インターネットを通じた販売が可能となっており，自費出版はより広がっている。また，電子書籍として自費出版がなされる場合も増えており，この際には，印刷物の製作という高いハードルがない。

1：図書館の自由についての詳細は，以下の文献の1章4節を参照。高山正也，岸田和明編著．改訂 図書館概論．樹村房，2017.（現代図書館情報学シリーズ1）

さらには，従来的な自費出版の範疇には含まれないものの，正式な出版とは別の形態で，私的に小説やコミック類がいくつかウェブ上で公開されている。個人が趣味の範囲で自らのウェブページに掲載しているものも多いが，いわゆる「投稿サイト」として，その種の小説やコミック類を集約しているウェブサイトもある。その中で評価の高いものは正式に商業出版物として取り上げられることがあり，インターネットの普及以前には存在しなかった出版のスタイルである。

学術情報に関しても，正式には出版されないものの，大学等の授業だけのために作成された教材が，インターネット上で一般的に閲覧できる場合がある。教科書の形態ではなく，担当教員が授業時に使用したスライドがそのままファイルとしてダウンロードできるようになっていることも多い。この例が示すように，広い意味での「電子出版」が，従来的な出版活動の概念を拡張しつつある。

（2）印刷の技術

１章で述べたように，現代の印刷は，技術的にはグーテンベルクの活版印刷術の流れを受け継いでおり，「版」を製作し，それにインクを塗って紙に押し付け，ページを作るのが基本である。日本の書籍の場合，その末尾の奥付（おくづけ）に「第２版第３刷」のような表示があるが，版を代えずに印刷機を新たに動かした場合，「第○刷」の数字の部分が増えていく。それに対して大幅に内容を改訂して版が代わったときには，「第○版」のほうの数字が変化する。なお，書籍や雑誌の出版の際には，一般に，印刷業者が所有する枚葉（まいよう）印刷機や大型の輪転（りんてん）印刷機が使用される。この場合，複数ページが一度に転写され，それらが裁断されたのち，冊子の体裁に整えられていく。

版の種類には，①凸版（とっぱん），②凹版（おうはん），③平版（へいはん）などがある（４−１図参照）。現在の印刷機の主流はオフセット印刷であり，これには通常，平版が使われる。なお，「オフセット」とは，印刷機の中で，版に付けられたインクを紙に移す時の方法を示す用語である。輪転印刷機によるオフセット印刷は，大量印刷に適しており，１部あたり短時間に，なおかつ安価に印刷物を製作できる。

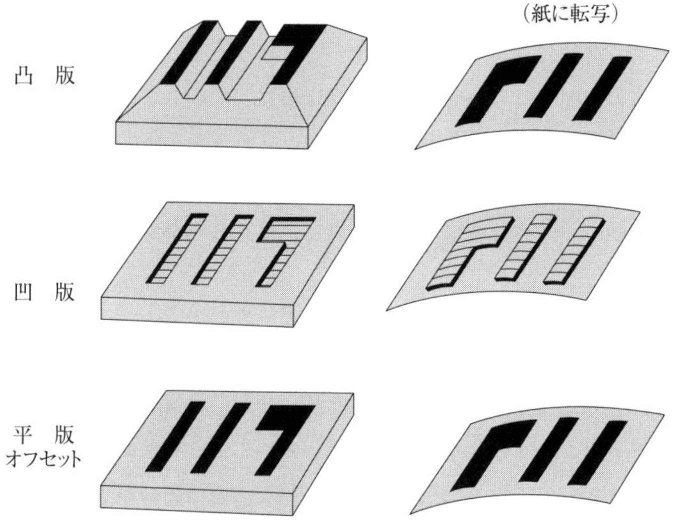

4-1図 印刷の方式

それに対して，要求・注文に応じてその都度印刷を行うオンデマンド印刷の場合には，1部あるいは少数の印刷のため，枚葉印刷機や大規模な輪転印刷機では効率が悪い。そこで，パーソナルコンピュータ（PC）から出力するのに家庭や一般の職場でも使われているインクジェットプリンタやレーザープリンタを使用することになる。レーザープリンタでは，インクではなく，トナーによる印刷が行われる（トナーとインクとでは原料が異なる)。

版の製作においても，現在では，PC が活用されるようになっている。コンピュータの発達以前は，植字工が活字を手で拾って組み上げることにより版を作っていたが，コンピュータの登場により，それが電算写植（でんさんしゃしょく）に置き換わった。「写植」は写真植字の略である。そして，電算写植では専用のコンピュータで版を作成するのに対して，汎用 PC の性能向上に伴い，それによる DTP（desk top publishing）が広まった。現在では，PC による DTP が版製作の主流である。

（3）電子書籍の技術

コンピュータで作成された版を使えば，印刷もできるし，あるいはそれをDVD等に焼き付けて，電子的な出版物を作ることも可能である。さらには，それに基づくネットワーク系電子メディアとしての電子書籍を発行することもできる。一つの版から多様な出版物を製作することをワンソース・マルチユースと呼ぶ。

電子書籍を提供する際には，そのファイル形式およびそれを画面に表示するためのハードウェア・ソフトウェアが技術的な検討課題となる。現在の電子書籍リーダーとしては，Kindle（キンドル）のような専用端末のほか，汎用のPC（ノートPC，モバイルPCなどを含む），あるいはスマートフォンが使用されている。それらの画面サイズや操作性は多種多様であり，それぞれの特性に応じた快適な閲覧環境を提供する必要がある。

電子ジャーナルでは，PDF（portable document format）のファイルで論文を提供することが多い。PDFはインターネット上に文書を公開する際の事実上の標準（デファクトスタンダード）として普及した。現在では，各社がPDFファイルの作成・閲覧ソフトを販売できるようになっているが，閲覧専用のソフトウェアとしては，PDF技術の開発元であるAdobe（アドビ）社のAcrobat（アクロバット） Readerが現在でも広く使われていると思われる（このソフトは無償である）。

PDFの本来的な特徴は文書表示の固定化にある。例えば，ワープロソフトで文書を作成する場合，その際に設定されているプリンタドライバ（ワープロソフトと特定のプリンタとをつなぐためのソフトウェア）により，レイアウトが微妙に変わることがある。すなわち，文書の表示が印刷環境に依存している。それに対してPDFでは，文書表示を固定するためこのようなことはない。この点で，ワープロソフトによる表示・印刷とPDFファイルのそれとは根本的に異なる。

ただしこのため，閲覧者がどのような機器を使おうとも同じ表示になるので，画面の小さな機器では，拡大しなければ読みにくいことがある。この表示の拡大・縮小は案外，面倒である。それに対して，EPUB（イーパブ）形式では，画面サイズや文字サイズの指定に応じて，行数や1行の文字数を柔軟に切り替えること，あるいは，図の位置を移動させることが可能である（これをリフローと呼ぶ）。このためさまざまな画面サイズに対応した閲覧環境を提供しやすい[2]。

汎用のPCの画面表示はカラーであるが，小説類などでは，多くの場合に白黒表示で十分で，それに限定したE Ink方式（E Ink社が開発した方式）などもある。こちらのほうが消費電力は少なく，E Ink方式は，電子ペーパー（electronic paper）でも使われている。なお，コミック類の場合には，画像ファイルの形式も利用されている。

電子書籍の発行におけるもう一つの重要な技術的問題が，著作権の管理であり，特にDRM（digital right management）と呼ばれる。デジタル情報の大きな特徴は，コピーにおいて劣化しないことであり[3]，このため，いわゆる「海賊版」などの発行を防がなければ，出版側が多大な損害を被ってしまう。そこで，映画やアニメーション（アニメ）などのコンテンツ配信と同様に，違法なコピーを防ぐ機械的な仕組みを電子書籍リーダーまたはソフトウェアに組み込む必要がある（法的な規制ももちろん重要である）。

2．日本における出版・流通の仕組み

（1）出版社

日本における出版においては，営利的な組織である出版社が大きな役割を果たしてきた。その歴史は古く，一例を挙げれば，大坂夏の陣より前の1602（慶長7）年に，法蔵館が仏教書の出版を京都で始めている[4]。その後，江戸時代に

2：その他の方式については，以下の文献を参照。日本図書館情報学会研究委員会編．電子書籍と電子ジャーナル．勉誠出版，2014．p.59-68.

3：デジタル情報では，単に「0」と「1」の2つの記号から成る列を複製するだけであり，また，その過程で「0」が「1」，「1」が「0」に反転した場合，それを検出する仕組みが組み込まれている。このため，コピーしてもその記号列は変化しない（コンテンツとして劣化しない）。

4：法蔵館の歩み．http://www.hozokan.co.jp/hz/_history.html，（参照2019-04-05）.

は，滑稽本や洒落本などの版本が庶民を楽しませていたことはすでに１章で述べた。江戸末期の1857（安政４）年には吉川弘文館が創業し，また明治維新直前には，福沢諭吉が慶應義塾での教育のためにいちはやく出版業を興したこともよく知られている[5]。

明治時代中頃に積極的に活動した出版社として博文館がある（創業は1887（明治20）年）。博文館は，百科事典の出版や月刊雑誌『太陽』の刊行で台頭し，学術書，学芸書，児童書などを広く網羅した総合出版社へと成長した。また，その創立者の大橋佐平が明治期に開設した私立図書館である大橋図書館は，図書館史の中でも重要な位置を占めている。その後，明治時代後半から大正期にかけて，新潮社，講談社，平凡社，主婦之友社，小学館，文藝春秋社，集英社などの現在の大手出版社が相次いで創設された。

（2）取次

博文館のもう一つの重要な事業として取次の東京堂の設立がある[6]。各出版社から全国の書店へと直接的に書籍や雑誌を送る仕組みでは，十分にそれらが行き渡らない。そこで，出版社と書店の間に取次を置くことによって，出版物の流通を促進させることが東京堂設立のねらいであった。この種の取次システムは，日本の出版流通の特徴である。

歴史的には，昭和前期の戦時体制において，東京堂を含む取次会社が日本出版配給株式会社（日配（にっぱい））へといったん統合された。戦後，日配が解体され，いくつかの経緯を経て，現在では，トーハン，日販（にっぱん）（日本出版販売），楽天ブックスネットワーク（以前の大阪屋栗田），中央社，日教販（にっきょうはん）などの取次が日本の書籍と雑誌の流通を担っている（日教版は教科書などの教育関連中心）。このうち，トーハンと日販はしばしば「大手取次二社」と称される。また，地方出版物を専門的に扱う地方・小出版流通センターなどの組織もある。

「出版社 → 取次 → 書店」という流れの中で，取次はその納入先（書店や図

5：江戸期・明治期・大正期における出版社の詳細については，以下の文献などを参照。蔡星慧．出版産業の変遷と書籍出版流通．増補版，出版メディアパル．2012．p.30-49.

6：川合良介編．出版メディア入門．第２版，日本評論社，2012，p.28-29.

書館等）に対して，物流の側面だけではなく，その他の各種のサービスを提供している。例えば，書店は取次から出版物を「買切る」わけではなく，売れ残れば返品することが可能である。これは一種の販売委託制度であり，取次が各書店の規模や立地，過去の販売実績を勘案しつつ新刊書籍を「配本」する中で，「返本」という形でその仕組みを保証しているわけである[7]（ただし，「返本可能」から直ちに連想されるような単純な仕組みではない[8]）。

このほか，取次会社が作成する新刊情報（例えば，トーハンの『トーハン週報』など）は，図書館における選書の重要な情報源となっている（３章２節参照）。また，図書館に対して，MARC（機械可読目録）のデータを提供する取次会社や書店もある（例えば，図書館流通センターのTRC MARCなど）。

（3）書店や図書館

「出版社 → 取次 → 書店」の流れの中の最後に位置し，人々に書籍や雑誌の販売を行うのが書店である。日本の書店は，海外に比べて，大規模書店への寡占化が進んでいないといわれてきた。これは一つには，取次システムにより，小規模な書店が比較的安定して新刊書籍（ベストセラー含む）を販売できるからである。また，海外の書店と比べ，日本の書店が雑誌を取り扱っている点がその特徴として言及されることも多い。この種の雑誌の売り上げもまた規模の小さな書店を支える要因であると考えられる。しかしながら，いわゆる「出版不況」（後述）の影響により，この状況が変わりつつある。

消費者へと書籍や雑誌を届けているのは書店だけではない。すでに述べたように，図書館（公共図書館）は「無料原則」のもとで，人々が書籍や雑誌に触れる貴重な機会を提供している。その中で，多くの人が必要とする書籍や雑誌を利用可能にしていくことに加えて，それほど多くの売り上げの見込めない良書を市民に届けることもまた公共図書館の重要な役割といえる。このことは，選書論における要求論と価値論（３章２節参照）とも深く関係しているが，出

7：星野渉．出版産業の変貌を追う．青弓社，2014，p.76-78.

8：詳細は以下の文献を参照。川合良介編．出版メディア入門．第２版，日本評論社，2012，p.155-158.

版流通全体の視点に立って商業的な営利組織である書店との相違を考慮すれば，このような役割を特に公立の図書館が担うべきことが自然に導かれるだろう。過度の商業的な傾向に対する社会全体としての調整機能が図書館に期待されるわけである[9]。例えば，わずか500～1000部程度しか印刷されないような学術書にとっては，図書館による購入がその出版活動の一つの支えとなりうる。

さらには，コンビニエンスストアやスーパーマーケット，駅構内の売店，大学生協などでも，書籍や雑誌が販売されており，出版流通の重要な構成要素となっている。さらには，古書店（あるいは新古書店）も，人々が書籍や雑誌を手に入れるための貴重な場である。実際，図書館でも，絶版本（在庫切れになったにもかかわらず増刷されないもの）については，古書店等から入手することがある。

以上の出版流通の経路に大きな変化をもたらしているのがいわゆる「オンライン書店」である。オンライン書店もまた基本的には取次から提供される書籍や雑誌を販売する組織であるものの，従来の書店との相違が「ロングテール」に基づいて説明されることがある。4－2図は，縦軸を各書籍の販売部数とし，販売部数の多さで各書籍を左から右へと並べた時のその順位を横軸として，グラフを描いたものである（ただし概念図）。グラフの左側にはベストセラーが並び，従来の書店はこれらを店頭で販売することにより多くの売り上げを得ることができる。それに対して，グラフの右側には，「それほどには売れない」大多数の書籍が並んでいる。「少数のベストセラーに対する多数のそれほど売れない書籍」という，集中と分散の構造（3章1節参照）が成立し，この結果，このグラフは右方向に非常に長く伸びる。これが「ロングテール」に相当し，オンライン書店はこの部分で売り上げを確保するといわれてきた。「インターネットで検索 → 宅配サービスによる配送」というオンライン書店の仕組みを考えれば，実際の真偽はともかくとして，この説明はある程度は納得できる。

9：この機能については，従来の出版・流通に対してだけではなく，インターネット上で公開された情報資源にもあてはまる。ただし，それに対する障壁も大きい。ウェブアーカイビングなど，これに関する議論は1章を参照。

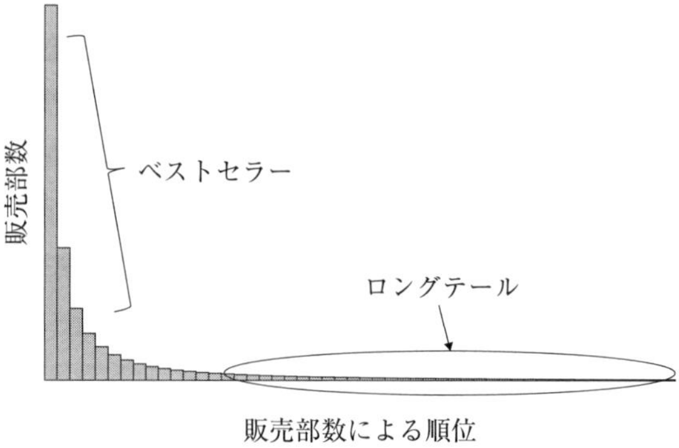

4-2図 書籍の販売部数による順位づけ（概念図）

ところが，ネットワーク経由で配信される電子書籍の普及がその状況をさらに変えつつある。この場合には「在庫切れ」はなく，宅配サービスによる到着を待たなくとも，直ちに手元のコンピュータで閲覧できる。この利便性がもたらす影響は大きい。すべての書籍がこの種の電子書籍になっているわけではなく，また，物理的な本の閲覧や所有を好む人も数多いと思われるものの，出版側も読者側もその利点に気づき始めており，電子書籍の配信サービスの比重は高まっていくことが予想される。

なお，日本の書店には，価格設定の権限がなく，出版側が小売価格を決めている。これは日本では，書籍や雑誌が再販売価格維持制度（再販制度）の対象となっているためである。つまり本来，メーカー側が小売側に定価販売を強制することは独占禁止法で禁じられているのに対して，書籍や雑誌の販売はその適用外になっている[10]。再販制度を書籍や雑誌に設定することには賛否両論あるものの，現時点では，上記の委託制度とともに，日本での出版物の販売の特徴になっている。それに対して，物理的な実体を有しない電子書籍（ネットワークで配信されるもの）には再販制度は適用されず，割引販売が実際になされている。

10：独占禁止法は，自由な価格競争を促進するために，再販売価格を拘束することを禁じているが，言論の自由や文化の保護の見地から，書籍，雑誌，新聞，音楽ソフトはその対象外となっている。

3. 日本の商業出版と流通の状況

(1) 書籍の出版概況

２章でも述べたように，図書（または書籍）を分類する基準は多様である。まず一次資料と二次資料の区分を使えば，多くの学術書や小説類は前者，事典や辞典，図鑑などは後者に属する。一方，刊行頻度で考えれば，単行書（単行本）と，全集や講座などの「シリーズもの」とに分けられる（単行書またはモノグラフの定義については，２章１節を参照)。形態の点では，サイズがやや小さな軽装本はペーパーバックなどと呼ばれ，日本では，文庫や新書がこれに相当する。単行本として出版された書籍が，のちに文庫に収録され，改めて販売されることも多い。

その内容で分類するには，日本十進分類法（NDC）を利用できる。図書館では，蔵書をNDCで分類して排架することが多い。その上位10区分は「総記／哲学・宗教／歴史・地理／社会科学／自然科学／工学・技術／産業／芸術・生活／語学／文学」である。一般的にも，書籍を主題で分ける際に，この区分が使われることがある。また，内容に関する区分として，「一般書／専門書」あるいは「学術書／教養書／文芸書」,「小説／ノンフィクション／詩・エッセイ」のような括りもよく見かける。一方,「実用書」や「学習参考書」などはその用途を強調した区分といえるだろう。「実用書」には，仕事やビジネスに関連するもののほかにも，趣味やスポーツのための書籍や，料理や育児などの生活のための本などが含まれる。

その読者層が子どもであることを限定する場合には，児童書という用語が使われる。そのほか，図書館では，児童書の対象年齢よりやや上の層をヤングアダルト（YA）と呼ぶことが多く,「YAコーナー」としてその年代に適した図書が特に別置されることもある（その他の名称が使われることもある)。

このように書籍の分類は複雑であり，状況に応じて，適宜，区分がなされる。場合によっては，一定の明確な基準なしに，カテゴリが列挙されることもあり，

「ジャンル」などと称される。

以上のような各種の区分・ジャンルで数多くの書籍が出版されているのが日本の現況である。その中でも特に，販売部数の多いものをベストセラーと呼ぶ。日本におけるこれまでのベストセラーには，『ハリーポッター』シリーズや『1Q84』のような小説のほか，教養書やエッセイなどが含まれる（2008～2017年までの主なベストセラーについては付録を参照）。またゲーム攻略本も，かつてはベストセラーに名を連ねていた。このようにベストセラーとなる書籍は実際には多種多様である。

なお，各種の文学賞をはじめとして，小説を中心にいくつかの賞が設定されており，その受賞作品は多くの人々が手にすることになる。日本で最も著名な文学賞は芥川賞と直木賞であり，その発表には例年，一般的な注目が集まる[11]。その授賞は，専門の作家による審査のもとになされているのに対して，全国の書店員が選ぶ「本屋大賞」などもある[12]。本屋大賞の歴史は比較的浅いものの（2018年で15回目），読者が本を選ぶ際に，芥川賞や直木賞などの文学賞とはまた違った角度からの参考情報を提供している。

芥川龍之介あるいは夏目漱石といった著名な作家による古典的な文学は，文庫によって手軽に読むことができる。現在販売されている文庫の起源は1920年代に創刊された岩波文庫であり[13]，それ以来，岩波文庫は国内外の良質な古典文学を読者へと届けている。この岩波文庫創刊の後，角川文庫をはじめとしてさまざまな文庫が発刊され，現在では，古典およびその他の文学のほか，教養書や実用書に至るまで幅広いジャンルの著作を文庫で読めるようになっている。一般に，最初に単行本として出版し，一定期間ののちその文庫版が刊行されるというプロセスが確立しており（単行本と文庫とで出版社が異なることもある），持ち運びに便利で廉価な文庫は，現代の読書における中心的な役割を果たしている。

11：歴代の受賞作品については，公益財団法人日本文学振興協会のウェブページを参照（http://www.bunshun.co.jp/shinkoukai/）。

12：歴代の受賞作品については，本屋大賞のウェブページを参照（https://www.hontai.or.jp/history/）。

13：川合良介編．出版メディア入門．第2版，日本評論社，2012，p.39-40.

それに対して，新書は文庫よりもやや縦長で，主として，ノンフィクション系の教養的・実用的な内容のものが多い。新書もまた，持ち運びに便利で廉価な書籍として，多くの人に親しまれている。

（2）雑誌出版の概況

『出版指標年報』（全国出版協会・出版科学研究所，各年版）では，その年の雑誌出版の動きが解説されており，2018年版では，その区分は以下のようになっている。

児童，女性，大衆，男性，総合，文芸，芸能，音楽，生活，趣味，モーター，スポーツ，経済，専門，週刊，分冊百科，ムック，コミック

つまり，現在の日本の雑誌はおおよそこれらのジャンルで構成されていると考えることができる（2章1節も参照）。書籍と同様に，雑誌を分類する基準や視点は多様であり，他の区分が使われる場合も当然ある。

なお，この区分中の分冊百科とは，ある一つのテーマに関する分冊が連続して刊行されるものであり，またムックは，単行本と雑誌との中間的な性質をもった出版物で，雑誌と同様な逐次刊行物であるが，それぞれが単行本のようにある程度の分量でまとまっている点に特徴がある（2章1節も参照）。

このうち，『出版指標年報』2018年版で2017年における月刊誌推定発行金額を見てみると，「大衆」「児童」「趣味」「女性」「生活」の各誌の金額が多い。ただし，この統計での雑誌の分類は上記のものとはやや異なっており，「大衆」「児童」にはそれぞれコミック誌とコミック本とが含まれている。

これらのコミック（マンガ）は日本における出版において大きな役割を果たしている。基本的には，コミック誌に連載される作品が，一定期間の後，コミック本（マンガ本）として発行され，雑誌と書籍の両方で出版販売の主力となっている（ただし，その発行部数は多いものの，1冊あるいは1点あたりでは比較的廉価な点に注意）。また，マンガには，単なる雑誌や本の売り上げだけでなく，アニメ化や関連商品の販売による収入なども期待できる点で，日本の出版業界にとって大きな存在である。

(3) 書籍と雑誌の販売金額・出版件数

以上述べてきた書籍および雑誌の販売金額の最近の推移を4－3図，同時期の出版点数・発行種数（発行銘柄数）の推移を4－4図に示す（『出版指標年報』のデータより作成）。販売金額については，書籍・雑誌ともに，おおよそ1996～97年ごろを境にして，減少傾向にある（4－3図）。直近の2017年では，書籍の販売金額は約7,152億円で，ピーク時（1996年）のそれに比べると約65％となっている。雑誌については2017年では6,548億円で，実にピーク時（1997年）の約42％にすぎない。これがいわゆる「出版不況」である。

特に，雑誌の販売金額は書籍のそれを常に上回っていたのに対し，2017年では順位が逆転した。この傾向が今後も続くかどうかは不明であるものの，日本の出版社や書店が，雑誌の販売に依存する部分が大きいことを考えれば，業界全体への影響は必至である（取次に対しても同様。各地での書店の閉鎖はこのところの顕著な傾向である）。

一方，出版点数・種数については，2000年代から雑誌は減少傾向にあるものの，書籍については，その傾向はそれほど顕著ではない（4－4図）。例えば，

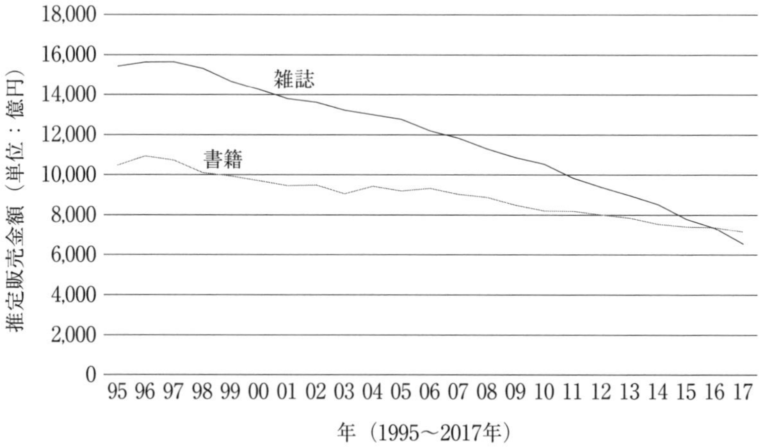

4－3図 日本での書籍・雑誌の販売金額（『出版指標年報』による）

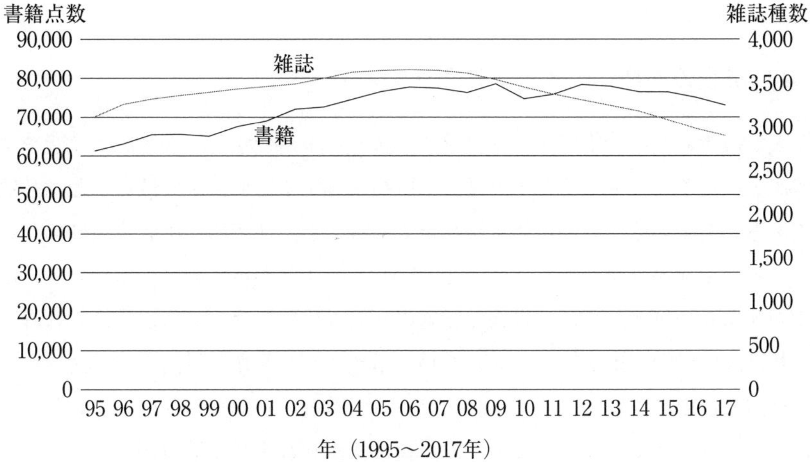

4-4図　日本での書籍と雑誌の出版点数・種数（『出版指標年報』による）

2017年においては書籍の出版点数は73,057で，販売金額ピーク時（1996年）の63,054点よりも増えている（約116%）。これは，書籍1点あたりでの売り上げの相対的な減少を意味している。なお，雑誌の発行種数は2017年では2,897種で，最大値は2006年の3,652種である。

これらの図が示す状況は，出版側（著作者や出版社）が十分な利益を得ることを難しくしている。その中で，図書館での新刊書の貸出を一定期間止めておくよう出版側が要求することがある（「貸出猶予」と呼ばれる）。基本的には，著作者は貸与権を有している。このため，営利目的で出版物を有料で貸し出す場合には，その著作者に金銭が支払わなければならない。このことは，非営利で出版物の利用を無償提供する図書館には及ばないわけであり（映画を除く），貸出猶予はそれに対する一つの措置として捉えられる。「図書館での利用」と「書店等での購入」とが代替関係にあるかどうかは状況次第であるが（つまり，図書館で借りられない場合にそれが常に購入に向かうとは限らない），日本の出版文化を維持するためには，その是非や影響を慎重に検討していく必要がある。なお，これに関する動きとして，海外では公共貸与権（公貸権）が導入される事例があり，この場合には，図書館での貸出に対して出版側に金銭が支払われる[14]。

（4）出版の多様化とメディアミックス

人口減少の傾向の中で，人々のライフスタイルが変化し，もし読書に費やす時間が少なくなっていくとすれば，出版物に対する需要もまた減ることは必然である。あるいは，その需要量が一定であっても，従来的な出版流通に代わるメディアや仕組みが普及すれば，4－3図や4－4図が示す統計に影響を与える。この仕組みの例としては，書籍や雑誌の「読み放題」サービスが挙げられる。これは固定料金を支払えば，そのために用意された書籍や雑誌をインターネット経由で自由に閲覧できるサービスである。購入者が個々の著作物に対して対価を支払うわけではなく，この点で，提供側が利益を得る構造が異なっている。もっとも，この仕組みが，出版業界全体としての売り上げを伸ばすのか，それとも減らすのかは現時点ではよくわからない。

従来の出版物を代替するメディアとしては，インターネットを経由して，スマートフォンやその他のPCにより無料で読める小説・エッセイ類がある（ケータイ小説，ウェブ小説などとも呼ばれる)。自費出版の個所ですでに述べたように，これらの中には，その後正式に出版されるものもあり，必ずしもその質は低くはない。これらにより人々の読書に対する欲求の一部が充足されるとすれば，それは当然，従来の出版流通に影響する。

また，コンピュータゲームの種類の一つとして，ゲーム中のストーリーを重視した，いわゆるノベルゲームがあり（アドベンチャーゲームなどその他の呼称がある)，これはライトノベル（あるいはラノベ）とそれほど大きな差はない。ライトノベルはヤングアダルト向けの小説で，文体の「軽さ」に加え，イラストが豊富に添えられている点に特徴がある。ノベルゲームはその「イラスト部分」が全面的に拡張され，むしろ画像や音声，動画が主体になってはいるものの，ストーリーの質の点で従来の小説と比べ遜色のないものも存在し，この点では，従来的な小説を代替する可能性がある。

14：詳細は次の文献などを参照。南亮一．動向レビュー：公共貸与権をめぐる国際動向．カレントアウェアネス．2005，No.286.

なお，すでに「マンガのアニメ化」には言及したが，マンガだけではなく小説（特にラノベ）がアニメになることがあり，さらに逆に，アニメが小説として出版される場合もある。また，アニメの中にはテレビ放映のほか，劇場で上映される，あるいは，DVD のパッケージとして販売されるものもある。例えば，『君の膵臓をたべたい』は2016年のベストセラー小説の一つであるが（付録参照），これに対して実写版の映画とアニメ版の映画とが製作された[15]。それらの DVD も販売されている。一つのコンテンツが小説やアニメ，映画などの複数の形式で提供されることをメディアミックスと呼ぶ。メディアミックスは最近の新たな出版販売戦略であり，日本における出版の多様化を促進している。

以上のように多様化する出版状況に図書館が影響を受けるのは必然であり，それに対して，さまざまな観点からの検討が必要となっている。

15：もともとは小説投稿サイトでの作品だったようである。この点を含めて，『君の膵臓をたべたい』は新しい出版の好例である。また，このコンテンツは「キミスイ」という略称でも呼ばれる。このような略称が半ば公的に設定されるのも，最近の児童またはヤングアダルト向けコンテンツの特徴である。

付録：最近のベストセラー：『出版指標年報』での上位３件

年度	第１位	第２位	第３位
2008	ハリーポッターと死の秘宝　上・下	夢をかなえるゾウ	Ｂ型自分の説明書
2009	1Q84	読めそうで読めない間違いやすい漢字	新・人間革命
2010	もし高校野球の女子マネージャーがドラッカーの『マネジメント』を読んだら	1Q84	伝える力
2011	謎解きはディナーのあとで	心を整える。	もし高校野球の女子マネージャーがドラッカーの『マネジメント』を読んだら
2012	聞く力 心をひらく35のヒント	置かれた場所で咲きなさい	新・人間革命
2013	医者に殺されない47の心得	色彩を持たない多崎つくると，彼の巡礼の年	聞く力 心をひらく35のヒント
2014	人生はニャンとかなる！	村上海賊の娘 上・下	銀翼のイカロス
2015	火花	フランス人は10着しか服を持たない	家族という病
2016	天才	ハリーポッターと呪いの子 上・下	君の膵臓をたべたい
2017	九十歳。何がめでたい	蜜蜂と遠雷	伝道の法

参考文献

（より進んだ勉強のために）

戸叶勝也．グーテンベルク．清水書院，1997，218p.

ブルックフィールド，カレン；浅葉克己日本語版監修．文字と書物：世界の文字と書物の歴史を探る．同朋舎出版，1994，63p.

尾鍋史彦総編集；伊部京子，松倉紀男，丸尾敏雄編．紙の文化事典．朝倉書店，2006，562，13p.

ジュゼップ・カンブラス；市川恵里訳；岡本幸治日本語版監修．西洋製本図鑑．雄松堂出版，2008，159p.

池澤夏樹編．本は，これから．岩波書店，2010，244p.

長尾真，遠藤薫，吉見俊哉編．書物と映像の未来：グーグル化する世界の知の課題とは．岩波書店，2010，179p.

日本図書館情報学会研究委員会編．電子書籍と電子ジャーナル．勉誠出版，2014，174p.（わかる！図書館情報学シリーズ１）.

浜田純一，田島泰彦，桂敬一編．新聞学．新訂，日本評論社，2009，445p.

小島浩之編．図書館資料としてのマイクロフィルム入門．日本図書館協会，2015，180p.

田中徹二．不可能を可能に：点字の世界を駆けぬける．岩波書店，2015，242p.（岩波新書新赤版1560）.

倉田敬子．学術情報流通とオープンアクセス．勁草書房，2007，196p.

小西和信．動向レビュー：日本の学術情報流通政策を考えるために．カレントアウェアネス．2008.6.20，no.296（CA1667）.

全国公共図書館協議会編．公立図書館における地域資料サービスに関する実態調査報告書．全国公共図書館協議会，2017，96p.

蛭田廣一．地域資料サービスの実践．日本図書館協会，2019，257p.

記録管理学会・日本アーカイブズ学会共編．入門・アーカイブズの世界：記憶と記録を未来に．日外アソシエーツ．2006，267p.

京都大学人文科学研究所・共同研究班「人文学研究資料にとってのWebの可能性を再探する」編．日本の文化をデジタル世界に伝える，樹村房，2019，238p.

三浦逸雄，根本彰．コレクションの形成と管理．雄山閣，1993，271p.

ワートマン，ウィリアム A.；松戸保子ほか訳．蔵書管理：背景と原則．勁草書房，1994，295p.

日本図書館学会研究委員会編．図書館資料の保存とその対策．日外アソシエーツ，1985，

148p.
エドワード・P. アドコック編；国立国会図書館訳；木部徹監修. IFLA 図書館資料の予防的保存対策の原則. 日本図書館協会, 2003, 155p.（シリーズ本を残す９）.
保坂睦. はじめての電子ジャーナル管理. 日本図書館協会, 2017, 241p.（JLA 図書館実践シリーズ35）.
日本図書館情報学会研究委員会編. 情報の評価とコレクション形成. 勉誠出版, 2015, 173p.（わかる！図書館情報学シリーズ２）.
森耕一編. 図書館サービスの測定と評価. 日本図書館協会, 1985, 301p.
ランカスター, F. W.；中村倫子, 三輪眞木子訳. 図書館サービスの評価. 丸善, 1991, 228p.
国立国会図書館. 蔵書評価に関する調査研究. 2006,（図書館調査研究リポート７）.

長谷川一. 出版と知のメディア論：エディターシップの歴史と再生. みすず書房, 2003, 366p.
『50年史』編集委員会編. 日本雑誌協会日本書籍出版協会50年史：1956→2007. 日本雑誌協会, 2007, 439p.（第１章：出版流通・販売, 第２章：出版情報の基盤整備, 第７章：電子出版）.
川合良介編. 出版メディア入門. 第２版, 日本評論社, 2012, 281p.
橘宗吾. 学術書の編集者. 慶應義塾大学出版会, 2016, 198p.

日本図書館情報学会用語辞典編集委員会編. 図書館情報学用語辞典. 第４版, 丸善, 2012, 284p.
図書館情報学ハンドブック編集委員会編. 図書館情報学ハンドブック. 第２版, 丸善, 1999, 1145p.
日本図書館協会図書館ハンドブック編集委員会編. 図書館ハンドブック. 第６版補訂２版, 日本図書館協会, 2016, 694p.

さくいん

あ行

か行

さ行

[シリーズ監修者]

高山正也（たかやままさや） 元国立公文書館館長
慶應義塾大学名誉教授

植松貞夫（うえまつさだお） 筑波大学名誉教授

[編集責任者・執筆者]

岸田和明（きしだ・かずあき）

1964 東京都三鷹市に生まれる
1987 慶應義塾大学文学部図書館・情報学科卒業
1991 慶應義塾大学大学院文学研究科図書館・情報学専攻博士課程中退
図書館情報大学図書館情報学部助手，駿河台大学文化情報学部助教授，教授を経て
現在 慶應義塾大学文学部教授
博士（図書館・情報学）（慶應義塾大学）
主著 『図書館情報学における統計的方法』樹村房，『情報検索の理論と技術』勁草書房，ほか

[執筆者]

小山憲司（こやま・けんじ）

中央大学文学部社会学科卒業
中央大学大学院文学研究科社会情報学専攻修士課程修了
中央大学大学院文学研究科社会情報学専攻博士後期課程単位取得退学
東京大学附属図書館，同情報基盤センター，国立情報学研究所，三重大学人文学部准教授，日本大学文理学部教授を経て
現在 中央大学文学部教授
主著 『改訂 情報サービス演習』（共著）樹村房，『図書館情報学基礎資料 第３版』（共編著）樹村房，『ラーニング・コモンズ』（共編訳）勁草書房，『ビッグデータ・リトルデータ・ノーデータ』（共訳）勁草書房，ほか

村上篤太郎（むらかみ・とくたろう）

1959 愛知県名古屋市に生まれる
1981 南山大学文学部教育学科卒業
南山大学図書館，慶應義塾大学医学情報センター勤務を経て，湘南藤沢メディアセンター在職時に
1994 慶應義塾大学大学院文学研究科図書館・情報学専攻修士課程委託研究生修了
慶應義塾大学三田メディアセンター課長，メディアセンター本部課長，湘南藤沢メディアセンター事務長，デジタルメディア・コンテンツ統合研究センター事務長を経て
現在 東京農業大学学術情報課程教授
主著 『改訂 図書館サービス概論』（共編著）樹村房，『改訂 情報サービス論』（共著）樹村房，ほか

平野英俊（ひらの・ひでとし）

1949 福井市に生まれる
1971 東京大学教育学部教育行政学科卒業
1976 東京大学大学院教育学研究科博士課程単位取得満期退学（社会教育学専攻，図書館学）
東京大学教育学部助手，日本大学文理学部専任講師，助教授を経て，2019年３月まで日本大学文理学部教授
この間，1998～2010年：川崎市立図書館協議会委員，2008～2011年：文部科学省「これからの図書館の在り方検討協力者会議」委員等を務める
主著 『世界の公立図書館』（共著）全国学校図書館協議会，『図書館情報学ハンドブック第２版』（共著）丸善，『改訂 図書館概論』（共著）樹村房，ほか

現代図書館情報学シリーズ…8
改訂 図書館情報資源概論

2012年7月6日 初版第1刷発行
2019年2月20日 初版第10刷
2020年3月26日 改訂第1刷発行
2024年2月9日 改訂第5刷

著者代表 © 岸 田 和 明
〈検印廃止〉
発 行 者 大 塚 栄 一

発 行 所 株式会社 樹 村 房
JUSONBO
〒112-0002
東京都文京区小石川5-11-7
電 話 03-3868-7321
FAX 03-6801-5202
振 替 00190-3-93169
https://www.jusonbo.co.jp/

印刷 亜細亜印刷株式会社
製本 有限会社愛千製本所

ISBN978-4-88367-338-4 乱丁・落丁本は小社にてお取り替えいたします。